아인슈타인의 빛

"아인슈타인"

EINSTEIN

아인슈타인의 빛
"아인슈타인"

프레데릭 모를로 씀 | 안마르고 람슈타인 그림 | 허보미 옮김

EINSTEIN

함께읽는책

"이 이론대로라면, 지금 우리가 사는 세계와는 또 다른 세계들이 무수히 존재할 것이네. 어쩌면 그곳에서 나는 내 일생의 낙이었던 난쟁이 던지기 장수가 아닐 수도 있겠지! 알베르트, 어쩌면 그 세계에서 자네는 사람들의 존경을 한 몸에 받는 백발이 성성한 노신사가 되어 있을지도 몰라! 어쩌면 노벨상 수상자가 되었을 수도 있겠지! 그 밖에 또 어떤 세계가 더 존재할 수 있을까? 그 다양한 세계들은 서로 어떠한 상호 작용을 할까?"

그러나 알베르트는 닐스의 장광설에 이렇게 잘라 말할 뿐이었다.

"아니, 신은 주사위 놀이를 하지 않는다네."

"알베르트 아인슈타인! 대체 자네가 뭐라고, 감히 신에게 이래라저래라 하는 건가?"

절대 시간

상대성원리

가속도＝중력

절대 공간

목차

광속 불변의 원리

$E=MC^2$

아인슈타인 - 보어 논쟁

휘어진 시공간

1896년 10월, 비가 추적추적 내리는 아침이었다. 뮌헨 시민들은 어지간
해서는 집 밖으로 나갈 엄두가 나지 않는 그런 날이었다. 그 유명한 옥토
버페스트[1]가 열리는 날만 아니었더라도! 옥토버페스트라고 불리는 맥주
축제는 뮌헨 시에서 열리는 가장 성대한 행사였다. 어느덧 겨울이 눈앞에
성큼 다가와 즐거운 볼거리도 점차 사라지는 마당이니만큼 바이에른 주[2]
에 사는 선량한 시민들은 조금이라도 즐거움을 맛볼 수 있는 기회라면 절
대 놓치는 법이 없었다.

테레지엔비제 광장에서는 시끌벅적 한바탕 신명 나는 축제 마당이 펼쳐졌
다. 나팔 소리와 손풍금 소리가 요란하게 울리는 가운데, 젊은 사람, 나
이든 사람, 너 나 할 것 없이 모두가 계피빵과 소시지 구이를 배 터지게 즐
기며 희희낙락 즐거운 한때를 보냈다. 어린아이들은 회전목마에 앉아 꽥
꽥! 소리를 질렀고, 부모들은 롤러코스터에 앉아 꺅꺅! 숨이 넘어갔으며,
개들은 곰 조련사를 보고 컹컹! 짖어 댔다.

1 Oktoberfest: 독일 뮌헨에서 매년 9월 말부터 10월 초까지 열리는 민속 축제이자 맥주 축제.
2 뮌헨 시가 속한 주.

뮌헨 시 맥주 천막 운영자들이 설치해 놓은 대형 천막은 어느새 흥에 취한 손님들로 미어터지기 시작했다. 이른 아침인데도 벌써부터 맥주와 브레첼 애호가들의 입에서는 힘찬 노랫소리가 쩌렁쩌렁 울려 퍼졌다.

대관람차와 사진관 부스, 수염이 난 여자를 구경시켜 주는 전시관 언저리 어딘가에 쇼텐하멜 천막이 우뚝 서 있었다. 쇼텐하멜 천막은 광장 안에 설치된 맥주 천막 가운데 단연 근사한 천막이었다. 바이에른 주 산악 지대에서 흔히 볼 수 있는 나무 오두막 형태의 거대한 임시 건물은 다채로운 빛깔로 아름답게 칠이 되어 있었다. 천막 규모도 가히 전설적인 수준이라서, 일설에 따르면 천막의 길이가 무려 30만 ㎞에 이른다고 했다!

이 맥주 천막의 소유주인 쇼텐하멜은 색슨족 신화에서 갓 튀어나오기라도 한 듯 부스스한 갈색 수염이 덥수룩한 배불뚝이 고블린[3]을 닮은 인물이었다. 그는 무엇보다 뮌헨 시 최고의 갑부로 명성이 자자했다. 쇼텐하멜 천막은 그 규모가 어찌나 으리으리한지, 시간마다 1미터당 2명의 손님을 받는다고 치면 하루에 서빙해야 할 맥주의 양이 자그마치 150억 리터에 이르렀다. 그래서 쇼텐하멜은 맥주 5천 잔을 한손으로도 거뜬히 들 수 있도록 특별히 훈련받은 건장한 중년 부인 둘을 고용했다. 그러나 이런 눈물겨운 노력에도 불구하고 이 천막이 손님에게 맥주를 대령하기까지 걸리는 시간은 평균 잡아 무려 1년하고도 3일에 달했으니 지난해 주문을 하고도 아직까지 차례를 기다리는 손님들이 수두룩했다. 그런 만큼 이 정도위용을 갖춘 선술집에는 그에 걸맞은 아주 특별한 실내장식이 필요했다. 어느덧 가슴 속 깊은 곳에 정계 진출의 꿈을 품기 시작한 쇼텐하멜은 한껏 자랑스러운 마음으로 자신의 천막을 방문한 손님들에게 다른 곳에서는 볼 수 없는 진귀한 쇼를 제공하는 데서 큰 만족감을 얻었다. 그것이 바로 이름하여 '전기 요정'[4] 쇼였다.

3 잉글랜드 신화에서 추한 난쟁이의 모습을 한 심술궂은 정령.
4 전기의 발명이 가져온 혁신적 변화는 흔히 전기 요정의 마법으로 세상이 바뀐 것에 비유되곤 한다.

그날 청년 알베르트 아인슈타인도 그 자리에 있었다. 삼촌이 운영하는 전기회사가 맥주 축제 조명을 담당하게 된 것이다. 알베르트는 여동생 마야를 데리고 현상을 방문했다. 바이에른의 민속 의상인 어여쁜 던들 꽃무늬 스커트를 걸치고 앙증맞은 가죽 구두를 신은 마야는 제법 맵시가 나는 귀여운 아가씨였다. 창가 구석 자리에서는 오누이가 키우는 개 하인리히가 꾸벅꾸벅 졸음을 쫓고 있었다. 오누이는 이 개에게 위대한 독일 시인의 이름을 따서 하인리히라는 별명을 지어 주었다. 하인리히는 주인을 몹시도 잘 따르는 충직한 개였다.

알베르트와 마야는 주방으로부터 스며 나오는 향긋한 푸텐자우어브라텐[5] 냄새도 맡지 못한 채 거대한 전기 화환에 마지막 남은 전구들을 끼워 넣느라 여념이 없었다. 그들은 이 전기 화환을 천막 입구에 설치해 잠시 뒤 실내 전체를 환하게 밝힐 계획이었다.

쇼텐하멜이 근엄한 목소리로 10시 정각이 되면 천막 안에 밝은 조명이 들어올 것이라고 손님들에게 알렸다. 알베르트와 마야에게도 예정된 시각에 차질 없이 완벽히 준비를 마치라고 단단히 일렀다. 독일인의 시간관념이 얼마나 투철한가를 조금이라도 아는 사람이라면 쇼텐하멜의 말을 결코 가벼이 흘려들을 수 없는 노릇이었다. 알베르트와 마야도 제시간에 일을 끝마치기 위해 눈코 뜰 새 없이 바삐 몸을 움직였다.

5 putensauerbraten: 칠면조 고기를 식초와 포도주 섞은 소스에 절인 독일의 전통 음식.

드디어 시계가 10시 정각을 알렸다. 알베르트와 마야가 차단기를 올리자 순식간에 천막 안에 환한 조명이 들어왔다. 여기저기서 '우아!' '오오!' 하는 탄성이 쏟아졌다. 알베르트와 마야, 그리고 하인리히는 자신들이 해낸 일이 몹시도 자랑스러운 듯 뿌듯한 눈길로 조명을 바라보았다. 그때 저만치서 쇼텐하멜이 성큼성큼 걸어오는 모습이 보였다.

"대체 뭐하는 짓들이야? 이런 고얀 것들 같으니라고! 내 분명 10시 정각에 조명이 들어오게 하라고 했을 텐데. 기어이 쇼를 망쳐 놓다니! 천막 끝자락에서 계속 시계를 늘여다보고 있었네만, 내가 있는 천막 구석에는 10시하고도 1초가 지나서야 비로소 불이 들어오더군! 1초나 늦었단 말일세. 1초도 엄연히 1초야. 암, 그렇고말고. 1초가 1초가 아니라면, 이 쇼텐하멜 님도 쇼텐하멜 님이 아닐 테지! 이건 정말이지 용납할 수 없는 일이네. 손님들 앞에서 대체 내 체면이 뭐가 되겠어?"

알베르트는 자신이 천막 주인에게 대들 수 있는 처지가 아니란 사실을 잘 알았다. 그래서 조심스럽게 상황을 해명해 보기로 마음먹었다.

"사장님, 확실치는 않습니다만…… 천막 구석에서 전깃불이 1초 늦게 들어온 이유를 나름대로 설명할 수 있을 것 같습니다. 학교에서 저는 빛이 결코 찰나적인 현상이 아니라고 배웠습니다. 무척 빠르기는 해도 빛의 속도가 결코 무한한 것은 아니라고요. 더욱이 이 천막은 규모가 아주 으리으리하지 않습니까. 그러니 빛이 천막 끝까지 이르는 데 족히 1초는 걸리는 셈이지요."

"거 말도 안 되는 헛소리일랑 집어치우게! 제기랄! 어떻게든 이 일을 수습하라고. 내 고객들이 전부 같은 시각에 조명이 켜지는 걸 볼 수 있게 해 놓으란 말이야, 이런 제기랄! 내 자네들에게 다시 한 번 기회를 주겠네. 지금부터 정확히 한 시간 뒤인 11시 정각에 다시 한 번 조명이 들어오게 하게. 이번에는 아마도 제대로 하는 게 여러모로 자네들 신상에 좋을 거야. 조금이라도 어긋날 시엔 이 쇼텐하멜 님의 이름을 걸고 맹세하네만, 자네들 눈에서 아주 피눈물이 나게 해 주지!"

쇼텐하멜이 주방으로 총총히 사라지자 우리 친구들은 골똘히 생각에 잠겼다. 이 천막의 주인장으로부터 불벼락을 맞지 않으려면 어떻게든 저 빌어먹을 빛을 지금보다는 더 빠르게 실내에 퍼지게 할 방도를 찾아내야만 했다.

마야가 빠끔히 열린 문밖을 쳐다보다가 별안간 탄성을 질렀다.

"오빠! 저기, 저 장수를 좀 봐!"

열린 문틈 사이로 한 장수가 무대 위에 올라 난쟁이 던지기 쇼를 한창 시연 중인 모습이 보였다. 현수막에는 이런 문구가 적혀 있었다. "닐스 보어[6], 코펜하겐대학이 배출한 난쟁이 던지기 장수." 그는 이미 홀스타인소를 누가 더 많이 들어 올리는지 겨루는 마을 단위 시합에서 3연승을 차지한 전적이 있는 만큼 이번 쇼에서도 파트너를 아주 가뿐히 무대 저편 모래판 위로 날려 보냈다. 관중석에서 열화와 같은 함성이 쏟아졌다. 사실 닐스 보어는 손전등을 든 난쟁이들을 사방으로 내던지는 밤무대 쇼로 이미 명성이 자자한 인물이었다. 독일 전역에서는 많은 이들이 순전히 이 인간 로켓 쇼를 보기 위해 옥토버페스트 축제장을 찾아오기도 했다.

6 Niels Bohr(1885~1962년): 양자역학 성립에 기여한 덴마크 물리학자로 노벨물리학상을 수상했다. 솔베이회의에서 양자역학의 해석을 놓고 아인슈타인과 치열한 논쟁을 벌인 인물로 유명하다. 아인슈타인-보어 논쟁에 관한 좀 더 자세한 설명은 책 뒤의 해제 참조.

알베르트가 마야에게 장난스러운 말투로 물었다.

"너도 이 오빠가 저 천막 끝으로 내던져 줄까?"

"으윽, 사양할게, 오빠."

마야가 살짝 얼굴을 찌푸리며 말했다.

"그나저나 저기 저 장수를 좀 봐. 난쟁이들을 더 빨리 던지려고 온몸에 힘껏 반동을 주고 있잖아."

"정말 그러네! 그래, 물체의 속도를 높이려면 온몸에 힘껏 반동을 주면 되는 거였구나. 우리도 어디 크뇌델을 가지고 한번 시험해 볼까. 내가 저기 태평한 표정으로 늘어지게 자고 있는 하인리히의 머리를 한번 맞춰 볼게!"

알베르트는 자신의 말을 실행에 옮기기 위해 때마침 옆을 지나던 상냥한 웨이트리스의 쟁반 위에서 으깬 감자를 동글동글 빚어 만든 크뇌델 몇 알을 집어 들었다. 그러고는 사정없이 온 힘을 다해 가엾은 개를 향해 냅다 던졌다. 이 모습을 지켜보던 손님들은 깔깔깔 박장대소했다. 그 시절만 하더라도 옥토버페스트 축제의 손님들은 나름대로 유머를 좀 즐길 줄 아는 사람들이었다.

"크뇌델이 하인리히까지 날아가는 데 정확히 2초가 걸렸어."

알베르트가 손목시계를 들여다보며 말했다. 처음에 하인리히는 화들짝 잠이 깬 것이 못마땅한지 잔뜩 짜증난 표정을 지었지만, 난데없이 하늘에서 뚝 떨어진 맛있는 '만나'를 발견하고는 이게 웬 떡이냐는 듯 금세 기분이 누그러졌다. 마야는 어리둥절한 표정을 지으며 알베르트에게 물었다.

"오빠, 지금 이렇게 한가하게 장난이나 치고 있을 때야?"

"잠깐만, 마야! 아직 안 끝났어! 만일 내가 지금보다 더 반동을 줘서 크뇌델을 던진다면 아마 크뇌델은 전보다 더 빨리 날아갈 거야. 그러면 크뇌델이 하인리히에게 도달하는 속도도 더 빨라질 테지. 그게 아니라 하인리히가 내 쪽으로 달려오는 경우에도 결과는 마찬가지일 거야. 어때, 내 말이 맞지? 자, 하인리히가 우릴 봤어, 얼른 크뇌델 하나를 더 던져 보자!"

알베르트가 힘껏 크뇌델을 던지려는 순간, 잔뜩 신이 난 하인리히가 왈왈 짖으며 알베르트에게로 달려들었다. 그러자 이번에는 크뇌델이 하인리히까지 도달하는 데 단 1초밖에 걸리지 않았다.

"그러니까 이번에 하인리히의 눈에는 크뇌델이 2배 더 빠른 속도로 날아온 것처럼 보였을 거야. 크뇌델이 내 손에서 하인리히의 입까지 날아가는 데 걸린 시간이 두 배로 단축되었으니까 말이야."

"그렇다면 오빠, 혹시 빛의 경우도 마찬가지가 아닐까? 빛줄기는 앞으로 쏟아진 무수한 작은 빛 알갱이들로 이뤄져 있잖아. 어떤 의미에서 그 작은 빛 알갱이들은 흡사 티끌보다 더 작은 미세한 손전등을 하나씩 들고 날아가는 난쟁이들과도 비슷하다고 볼 수 있지. 그렇다면 우리도 혹 난쟁이 던지기 장수 닐스 보어처럼 한번 해 볼 수 있지 않을까? 그러니까 빛 알갱이들이 목표 지점까지 더 빨리 날아갈 수 있도록 어마어마하게 큰 반동을 주는 거야. 어때? 그러려면 그 전에 먼저 거대한 투석기가 필요할 것 같은데……."

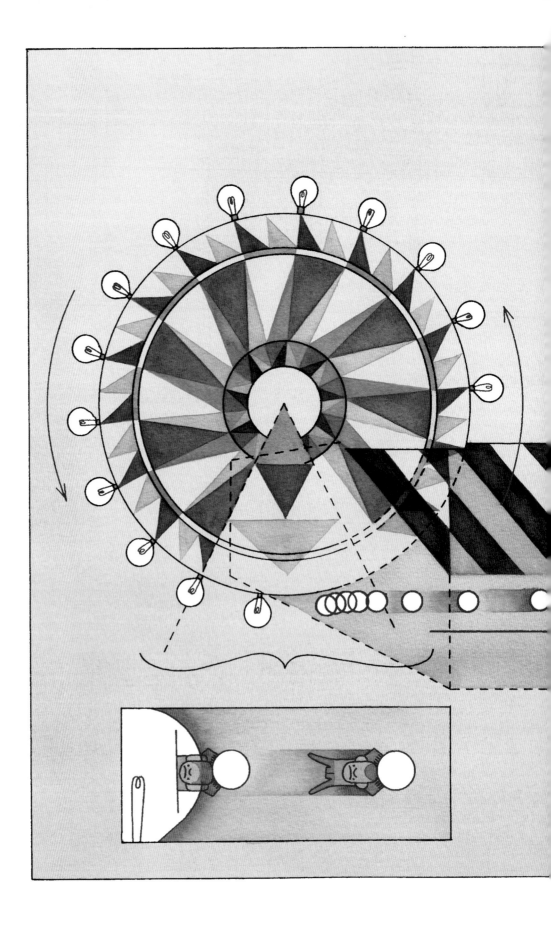

순간 마야와 알베르트는 동시에 천막 옆에 설치된 대관람차를 돌아다보았다. 남매는 그 길로 당장 거인 닐스에게 달려가 도움을 청했다. 때마침 닐스는 한참 휴식을 취하고 있던 참이었는데 다행히도 그는 과학의 발전을 위해서라면 기꺼이 힘을 보탤 의향이 있었다. 닐스는 으라차차 기합 소리를 내며 대관람차를 지지대에서 뜯어내고는 그 길로 쇼텐하멜 천막까지 데굴데굴 밀고 갔다.

"그래, 대관람차 둘레에 전구들을 돌돌 감고 최고 속도로 힘껏 돌려 보는 거야. 그러면 마치 투석기가 힘차게 돌을 내던지듯, 빛을 저 천막 끝까지 힘차게 쏘아 보낼 수 있을 거야."

마야와 알베르트가 기분 좋은 얼굴로 생각에 잠긴 사이 대관람차는 엄청난 높이와 무게를 자랑하며 천막 여기저기 바닥을 움푹 파 놓거나 지붕을 마구 부셔 놓았다. 그래도 어쨌거나 조명이 1초 늦게 들어오는 불상사가 생기는 것보다는 나을 터였다.

성 마트호이스 교회의 종소리가 드디어 정각 11시를 알렸다. 닐스는 대관
람차 핸들을 힘차게 돌렸다. 알베르트도 전기 스위치를 올렸다.
하지만 불행히도, 쇼텐하멜 씨의 고함 소리로 미루어 보건데, 문제는 전혀
해결되지 않은 것이 분명했다. 누가 됐든 자기 앞에서 함부로 힘자랑하는
꼴은 절대 보지 못하는 우리의 해결사 닐스가 팔을 걷어붙였다. 우당탕
탕! 한바탕 요란한 소리가 나는가 싶더니 쇼텐하멜이 주방 쪽으로 데굴
데굴 굴러갔다. 어쨌거나 그로서는 당분간 주방에서 나오지 않는 편이 훨
씬 이로울 것이었다. 그때 알베르트가 놀라운 발견을 한 듯 소리쳤다.

"정말 굉장해! 우리가 온 힘을 다해 에너지를 보탠다고 해서 빛 알갱이가
더 빨리 움직이는 것은 아니었어!"

그런데 그때 닐스가 너무 심하게 힘을 준 탓인지 영 불안하던 대관람차가
그만 고정 틀에서 분리되고 말았다. 지지대에서 뜯겨져 나간 대관람차는
맨 앞줄에 놓인 테이블들을 무참히 박살 낸 뒤 천막 절반을 쑥대밭으로
만들어 버렸다. 곤히 잠을 자던 하인리히가 무심한 표정으로 잠시 눈을
치켜뜨는가 싶더니 이내 다시 깊은 잠으로 빠져들었다. 녀석은 잉글리시
세터 종답게 침착함에 있어서만큼은 타의 추종을 불허했다.

알베르트와 마야는 당황해 어쩔 줄을 몰랐다. 그들의 예상은 모조리 빗나갔다! 그때 그 모습을 지켜보고 있던 한 작달막한 체구의 남자가 홀연히 벤치에서 일어나더니 그들에게로 다가왔다.

"이보게, 젊은이들! 나는 앨버트 에이브러햄 마이컬슨[7]이라고 하네. 내 보기에 자네들 시도는 실패로 돌아간 것 같구먼. 자네들이 혹 흥미로워할지 모르겠네만 사실 나도 몇 년 전 자네들과 아주 흡사한 실험을 한 적이 있지. 물론 내 경우엔 이런 자잘한 부수적 피해는 없었지만 말일세. 당시 실험에서 나는 빛의 속도가 항상 일정하다는 결론을 도출했었네. 빛이 더 빨리 도달할 수 있도록 광원으로 아무리 가까이 다가가 봐도 결과는 매번 똑같았지. 내 보기엔 자네들 실험도 퍽이나 가망 없어 보이는군. 희망을 짓밟았다면 미안하네. 이런 말이 조금이나마 위안이 되는지 모르겠네만 나도 아직까지 그런 실험 결과가 나오게 된 연유는 밝혀내지 못했다네. 혹시 자네들, 저 위대한 과학자 갈릴레이가 빛의 속도를 측정하기 위해 밤새 조수들 손에 손전등을 들려 허허벌판을 헤매게 했다는 사실을 알고 있는가?[8] 사실 나도 회전 거울을 가지고 작은 기구를 하나 만들어 봤다네. 나름대로 꽤 쓸 만한 기구라고 생각되는데. 자네들, 혹시 내 테이블에 함께 앉아 잠시 이야기를 나눠 보지 않겠나?"

7 앨버트 에이브러햄 마이컬슨(1852~1931년): 미국의 실험 물리학자로 정밀한 광간섭계(같은 광원에서 나오는 빛을 적당한 방법으로 둘 또는 그 이상의 광로로 나누고, 그것을 겹쳐서 간섭시켜 그 간섭무늬를 관측하는 장치)를 발명하여, 지구와 에테르의 상대운동에 관한 마이컬슨–몰리 실험을 실시한 것으로 유명하다. 이 실험에 관한 좀 더 자세한 설명은 책 뒤의 해제 참조.
8 엄밀히 말하면, 산 위에 올라 실험했다고 한다. 갈릴레오 갈릴레이는 2개의 밝은 등불을 이용해 빛의 속도를 측정해 보는 실험을 시도했는데 밤에 등불을 든 두 사람이 1㎞ 떨어진 곳에서 한 사람이 상대편 등불의 문이 열리는 것을 보는 순간 자신이 들고 있던 등불의 문도 여는 방법으로 빛의 속도를 측정해 보려 했으나 빛이 워낙 빨라 측정이 불가능했다. 이후 덴마크의 천문학자 올러 뢰머가 1676년 목성의 주변을 도는 위성이 목성 뒤로 가렸다 다시 나타나는 시간을 측정하는 방법으로 빛의 속도를 초속 약 20만 ㎞라고 추산했다. 그러나 이 측정도 오차가 심했다. 이어 프랑스의 물리학자 이폴리트 피조가 1847년 처음으로 빛의 속도를 매우 정확하게 측정하는 데 성공했다. 피조는 서로 약 8.87㎞ 떨어진 거리에 각각 반사거울을 설치하고, 720개의 톱니를 가진 톱니바퀴 틈새로 빛을 보내 그 빛이 반대쪽 거울에 반사되어 톱니 사이로 다시 들어올 수 있도록 장치했다. 그리고 톱니바퀴를 천천히 돌리자 톱니 사이로 나간 빛은 반대쪽 거울에 반사되어 그 톱니 틈새로 그대로 들어왔다. 그런데 톱니바퀴를 초속 25회전으로 빨리 돌리자 톱니바퀴 사이로 나간 빛은 다음 톱니 틈새로 들어왔다. 피조는 이 결과를 수학적으로 계산해 빛의 속도가 초속 31만 3천 ㎞라는 결론에 도달했다. 오늘날에는 달 표면까지 레이저를 쏘아 반사되어 오는 시간을 측정하는 방법으로 빛의 속도를 좀 더 정확하게 측정하여 초속 299792458m(약 30만 ㎞)라고 정의하고 있다.

그러나 마야는 이 남자가 분명 정신 나간 광신도일 거라고 판단하고는 이렇게 대답했다.

"애고, 마이컬슨 씨. 이를 어쩌죠? 말씀은 감사합니다만, 지금은 그럴 때가 아닌 것 같군요. 쇼텐하멜 씨가 내준 문제를 당장 해결하지 못하면 저희는 곧장 황천길로 가게 될지도 모른답니다."

마이컬슨은 더 이상 권유하지 않았다. 그로부터 수년이 흐른 뒤, 남자는 더 정확하게 빛의 속도를 측정하기 위한 연구를 거듭하던 중 캘리포니아의 어느 분화구 안에서 죽음을 맞았다고 한다.

크뇌델의 속도는 높일 수 있지만 빛줄기의 속도는 높일 수 없는 이유가 대체 뭘까? 그것은 정말이지 불가사의한 수수께끼였다. 그리고 이 물음은 훗날 현대물리학의 탄생에 단초를 제공하게 된다.

"크뇌델은 가지고 있는데, 빛은 가지지 못한 것이 대체 뭘까? 감자 덩어리들 말고 말이야."

마야가 심각한 표정을 지으며 물었다.

"빛의 속도보다 더 빨리 난쟁이들을 던질 수만 있다면, 그거 장사 좀 되겠는걸!"

닐스가 잔뜩 흥분하며 말하는 순간 알베르트가 외쳤다.

"의문을 풀 최상의 방도는 다시 도전하는 길뿐이야! 하인리히, 이리 오렴! 우리 귀여운 강아지, 우리는 말이다…… 크뇌델을 최고 속도로 던질 때 네 눈에는 어떤 일이 벌어지는지 알고 싶단다."

맛있는 간식 시간이 다시 찾아왔음을 직감한 하인리히의 눈이 금세 반짝반짝 빛났다. 장수 닐스의 역할은 간단했다. 그저 온 힘을 다해 크뇌델을 던지기만 하면 끝이었다. 닐스는 출입문 근처에 자리를 잡았다. 마야는 초시계를 손에 쥐고 하인리히의 등에 올라타 크뇌델의 속도를 잴 만반의 태세를 갖췄다. 한편 알베르트도 하인리히가 크뇌델을 낚아챌 만한 지점을 찾아가 자리를 잡고 기다렸다.

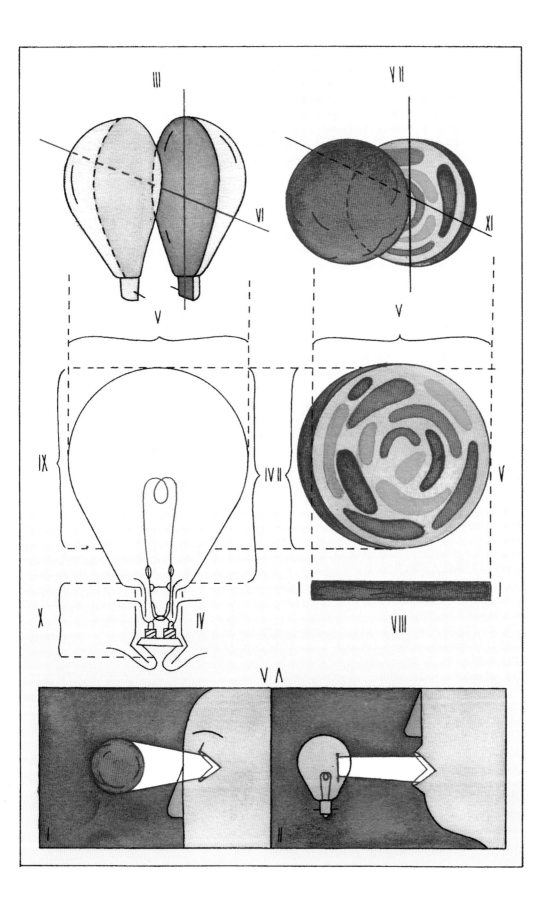

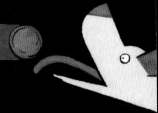

이윽고 예정된 실험 시간이 되자 닐스가 행동에 돌입했다. 그는 초인적인 힘을 발휘해 힘차게 크뇌델을 던졌다. 오누이도 동시에 초시계를 작동시켰다. 우리의 네 발 달린 짐승이 총알처럼 크뇌델을 향해 뛰어 나갔다. 알베르트가 짐작하건데 그 속도는 초속 28만 ㎞에 달할 것으로 추정됐다. 아마도 하인리히는 엄청나게 배가 고팠던 것이리라.

하인리히가 상을 덥석 받아 무는 순간 알베르트와 마야는 각자 초시계를 중지시키고 서로의 결과를 비교했다.

"맙소사, 서로 다른 결과가 나왔잖아! 마야, 네가 잰 시간이 나보다 무려 10분의 1초나 더 빨라! 거참 희한하군. 분명 둘이 동시에 초시계를 눌렀는데. 엄마는 언제나 우리가 솔페지오[9]를 공부해서 박자 감각이 뛰어나다고 말씀하시곤 했는데."

9 음악 기초 교육 가운데 시창력, 독보력, 청음 따위를 기르는 교과 과정.

"설마 내 시간이 오빠의 시간보다 더디게 흘렀다는 말을 하고 싶은 건 아니겠지?"

마야가 믿을 수 없다는 표정을 지으며 말했다.

"뭐 그러지 말라는 법도 없잖아? 어쨌거나 우리가 시간에 대해 속속들이 다 아는 것도 아닌데."

그때 닐스가 대화에 끼어들었다.

"어찌 됐건 우리는 이렇게 빠른 속도에 이른 최초의 인간이라네. 그러니 현재까지 축적된 인류의 경험은 우리에게 큰 도움이 되지 않을 게야."

이따금 닐스는 철학자가 되기도 했다.

알베르트와 마야는 수차례 실험을 반복했다. 닐스는 계속해서 괴력을 과시했다. 하인리히는 시간이 지날수록 날아오는 상을 공중에서 제때 낚아채는 빈도가 점점 줄었다. 이제는 크뇌델에 물렸는지, 아니면 점점 더 세차게 날아오는 크뇌델을 낚아채기가 어려운 건지 알 길이 없었다. 그러나 하인리히가 크뇌델을 제대로 물었을 때의 실험 결과는 언제나 똑같았다. 행여 잘못 날아온 크뇌델에 봉변을 당할까 이미 손님들은 슬금슬금 꼬리를 내뺀 지 오래였지만 우리 친구들은 흥분의 도가니에 빠져 있었다. 사상 최초로, 시간이란 어쩌면 상대적인 물리량일 수도 있다는 사실을 실험을 통해 확인한 역사적인 순간이었다.

"마이컬슨 씨가 이 자리에 없다니 애석한걸!"

알베르트가 자못 안타깝다는 듯 말했다.

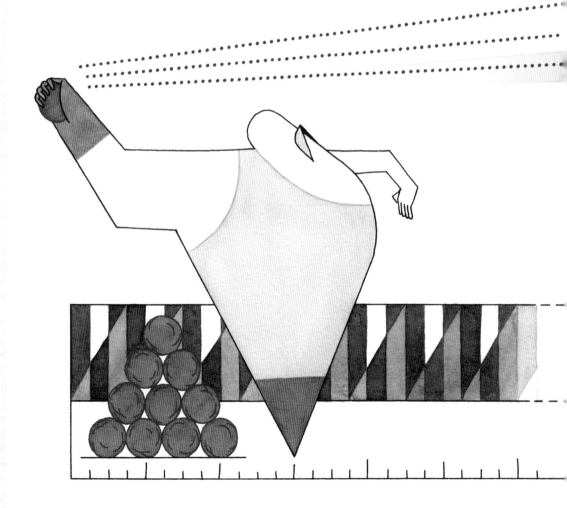

"마이컬슨 씨께 직접 실험 결과에 대해 설명해 드릴 수도 있었을 텐데 말이야. 그러니까 우리와 광원 사이의 거리와 상관없이 빛이 항상 일정한 속도를 유지하는 건 바로 우리가 빛을 바라보는 관점에 따라 시간이 달라지기 때문이라고 말이야! 우리가 광원에 가까이 다가가면 갈수록 빛의 속도는 더 빨라지는 것처럼 느껴지기도 하지만 실은 우리의 시간이 그만큼 더 느려지기 때문에 빛의 가속을 상쇄해 버리고 말지!"[10]

그때 갑자기 닐스가 알베르트의 말을 가로막았다.

"이봐, 친구들! 참으로 흥미진진한 이야기네만, 이 몸은 오늘 밤 쇼를 준비해야 하는 처지라서 이만 가 봐야 할 것 같네. 그럼 나중에 또 보세나!"

10 상대성이론은 '광속불변의 원리'를 전제 조건으로 한다. 좀 더 자세한 설명은 책 뒤의 해제 참조.

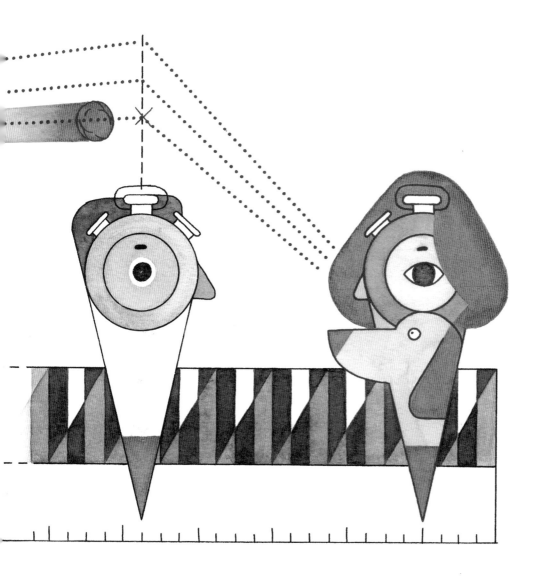

닐스가 자리를 뜨자마자 어디선가 분노에 찬 포효가 쩌렁쩌렁 울려 왔다.
천막 주인의 목소리였다. 비로소 정신이 돌아온 쇼텐하멜이 얼뜨기 전기
기사들이 무엇인가에 한참 골몰해 있는 모습을 발견한 것이다.

천막 꼴은 정말이지 가관이었다. 부서진 테이블 밑으로 마룻바닥 여기저
기 구멍이 숭숭 뚫리고, 반쯤 배를 드러낸 채 뭉개진 크뇌델로 얼룩덜룩한
사방의 벽은 기적처럼 가까스로 버티고 서 있었다.

쇼텐하멜은 지금 자신의 눈앞에서 펼쳐지고 있는 광경이 과학사에 신기원
을 이룰 엄청난 실험임을 알아차릴 만큼 교양 있는 인물은 아니었다. 낯
빛이 붉으락푸르락 달아오른 그는 하인리히와 마야, 그리고 알베르트에
게 마구 저주를 퍼붓기 시작했다. 그러니 오누이와 개는 삼십육계 줄행랑
을 칠 수밖에 달리 방법이 없었다. 하인리히는 조만간 식욕이 돌아올 걸
대비해 쇼텐하멜의 호주머니에서 삐져나온 줄줄이 훈제 소시지를 슬쩍 낚
아챘다. 쇼텐하멜은 조금도 주저하는 기색 없이 카운터에 숨겨둔 나팔총
을 냅다 집어 들고는 추격전에 나섰다.

알베르트 일행은 사진관 부스 쪽으로 발바닥에 불이 나도록 내달렸다.
조금 전부터 그 광경을 흥미롭게 지켜보던 사진사는 우리 친구들에게 변
장에 필요한 용품을 흔쾌히 빌려주었다. 변장을 마친 그들은 얼른 사진
관에서 나와 군악대 행렬 속으로 슬며시 끼어들었다. 알베르트는 북을,
마야는 트럼펫을 쥐었고, 하인리히는 사진사가 빌려준 옷의 안쪽 호주머
니에서 자그마한 호루라기 하나를 꺼내 들었다. 하인리히는 두 발로 선
채 행렬 선두에서 의기양양하게 행진했다.
다행히 그들을 알아보지 못한 쇼텐하멜이 무심히 군악대 행렬을 스쳐 지
나갔다. 간이 콩알만 해졌던 마야는 간신히 정신을 차리고 알베르트의 귓
가에 이렇게 소곤거렸다.

"거 참 이상하네. 아직 12시가 되려면 15분이나 남았는데, 퍼레이드가 왜
벌써 시작된 거지? 오빠, 원래 퍼레이드는 정오에 시작하기로 되어 있지 않
았어?"

마야는 의아해 하며 옆에 있는 클라리넷 연주자에게 시간을 물어보았다. 때마침 그는 상당히 무료해 보였다.

"Zweife, mei junga Freindin!"

멸치처럼 비쩍 마른 남자가 대답했다. 바이에른 사투리로 '정오'라는 뜻이 었다.

"정말이지, 귀신이 곡할 노릇이군. 여태껏 내 손목시계는 결코 멈춘다거나 느리게 간 적이 단 한 번도 없었는데."

마야가 종알거렸다.

"마야, 벌써 잊었니? 크뇌델 실험을 하는 동안 네 시간이 내 시간보다 훨씬 더 더디게 흘렀잖아! 그러니 마야 네가 나보다 나이를 덜 먹은 셈이지. 아마도 이 새롭게 태동 중인 신 물리학은 여러 면에서 세상을 혼란스럽게 만들 거야. 나는 이 신 물리학에 '상대성'이라는 이름을 붙이고 싶은데, 어때?"

바로 그때 어디선가 기세등등한 고함 소리가 들려 왔다. 잠시 골똘히 생각에 잠겼던 알베르트 일행이 화들짝 놀라 정신을 차려 보니 바로 쇼텐하멜이었다!

갔던 길을 되돌아오던 중 우연히 알베르트 일행의 변장한 모습을 발견한 쇼텐하멜은 그들에게 잽싸게 총부리를 겨눴다. 알베르트와 마야, 그리고 하인리히는 부디 추격자를 따돌릴 수 있기를 간절히 기도하며 뒤도 돌아보지 않고 냅다 롤러코스터를 향해 내달렸다.

알베르트는 평화주의자였지만 상황이 상황이니 만큼 비둘기 쏘기 매대에서 권총 한 자루를 슬쩍 낚아챘다. 일행이 롤러코스터에 다다랐을 쯤 놀이기구가 서서히 작동을 시작했고, 알베르트와 마야는 잽싸게 롤러코스터의 맨 앞 차량에 뛰어올랐다. 그리고 하인리히가 바로 뒤 차량에 훌쩍 올라타는 모습도 확인했다. 뒤이어 도착한 쇼텐하멜은 가까스로 몸을 날려 아슬아슬하게 롤러코스터의 맨 뒤 차량에 탑승했다. 그가 올라타자마자 롤러코스터는 기다렸다는 듯 바람을 가르며 레일 위를 질주하기 시작했다.

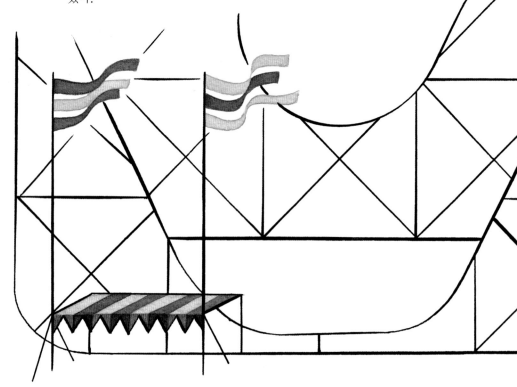

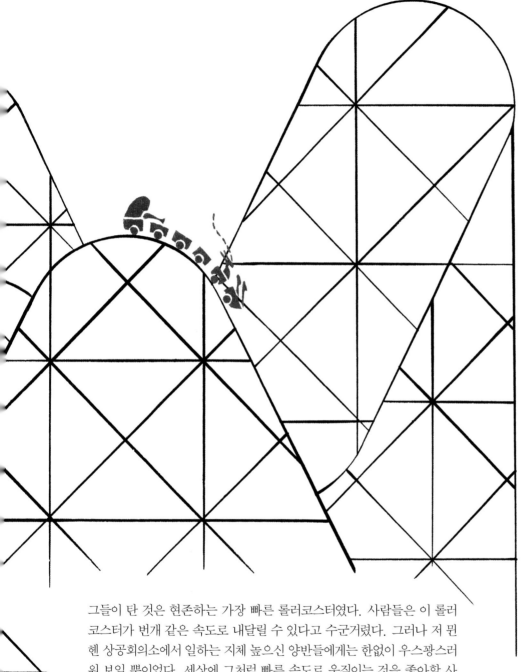

그들이 탄 것은 현존하는 가장 빠른 롤러코스터였다. 사람들은 이 롤러
코스터가 번개 같은 속도로 내달릴 수 있다고 수군거렸다. 그러나 저 뮌
헨 상공회의소에서 일하는 지체 높으신 양반들에게는 한없이 우스꽝스러
워 보일 뿐이었다. 세상에 그처럼 빠른 속도로 움직이는 것을 좋아할 사
람이 대체 어디 있겠는가. 매일 아침 그들은 도무지 마음에 들지 않는다
는 듯 고개를 내저으며 무거운 발걸음으로 놀이기구 앞을 지나치곤 했다.

쇼텐하멜은 롤러코스터의 맨 앞 차량을 뚫어져라 노려보았다. 지금이라
도 당장 알베르트와 마야를 명중시키고 싶은 마음이 굴뚝같았다. 그러나
총알은 단 한 발뿐이었다. 게다가 하인리히와 소시지기 지꾸 시야를 가
로막는 통에 좀처럼 목표를 조준하기가 쉽지 않았다. 쇼텐하멜은 하인리
히를 향해 고래고래 고함을 질렀다.

"저런 날강도 같은 개를 봤나! 개들은 다 그 모양이지, 아니, 모든 뮌헨 시
민들이 다 그 모양이야!"

그러나 쇼텐하멜이 뭐라고 소리치든 우리 네 발 달린 짐승은 눈썹 하나
까딱하지 않았다.

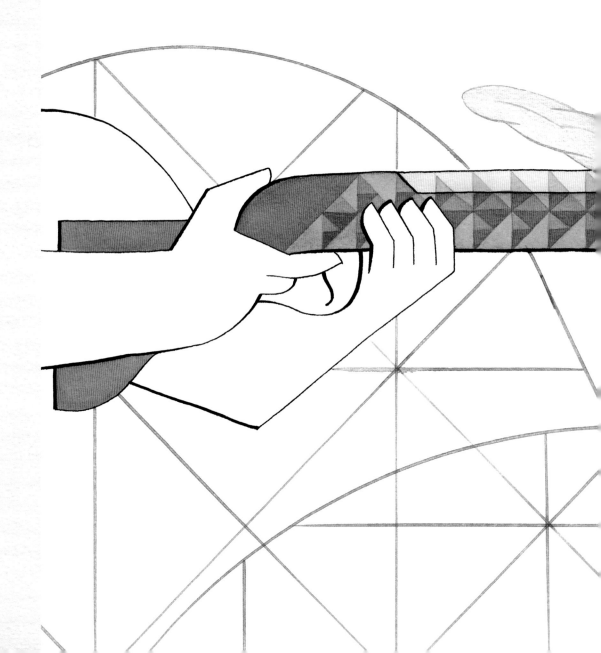

그래도 이 놀이기구가 하인리히의 취향이 아닌 것만은 확실했다. 롤러코스터가 아찔하게 바닥으로 곤두박질치려는 순간, 하인리히는 이렇게 구역질이 나는 것을 참느니 차라리 허공으로 몸을 던지는 편이 낫겠다고 생각한 모양이었다.

마침내 눈앞을 가로막던 방해물이 사라지자 쇼텐하멜은 즉시 방아쇠를 당겼다. 그러나 이미 알베르트가 먼저 잽싸게 총을 쏜 뒤였다. 그들은 각자 상대방이 치명상을 입었을 것이라고 확신했다. 알베르트와 마야, 그리고 쇼텐하멜은 차례로 열차에서 내렸다. 그리고 그대로 바닥에 푹 주저앉았다.

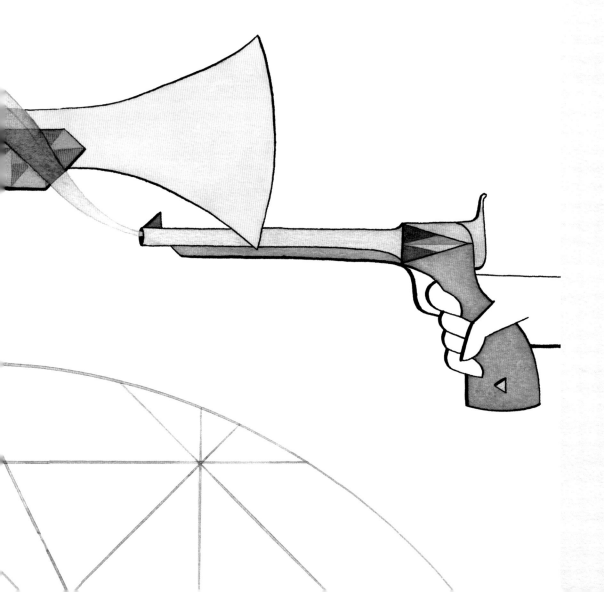

그리고 잠시 후 양쪽 모두 상대가 무사한 것을 확인했다. 먼저 알베르트의 총은 파리 한 마리 죽일 만한 성능이 못 되었다. 그런가 하면 쇼텐하멜은 날이 이둑이둑해지자 좀처럼 정확히 상대를 조준할 수가 없었다. 알베르트 일행은 후다닥 자리에서 일어나 서둘러 몸을 피할 장소가 없는지 주위를 두리번거렸다. 쇼텐하멜의 분노가 잠시 가라앉을 때까지 만이라도 몸을 숨길 곳이 필요했다. 때마침 조금 떨어진 장소에서 증기로 작동하는 회전그네를 본 기억이 떠오른 마야는 그쪽으로 달아나자고 오빠를 설득했다. 마야의 기억에 그 증기 회전그네의 푯말에는 어마어마한 저수조 덕에 "거의 세상이 종말을 고할 때까지" 동력을 공급할 수 있다는 설명이 적혀 있었다.

회전그네가 있는 곳에 당도하자 알베르트는 호주머니 속 전 재산을 탈탈 털어 회전그네 주인에게 내밀었다. 저수조의 물이 다 마를 때까지 최대 속도로 기구를 돌려달라고 부탁한 일행은 그네 위에 올라탔다.

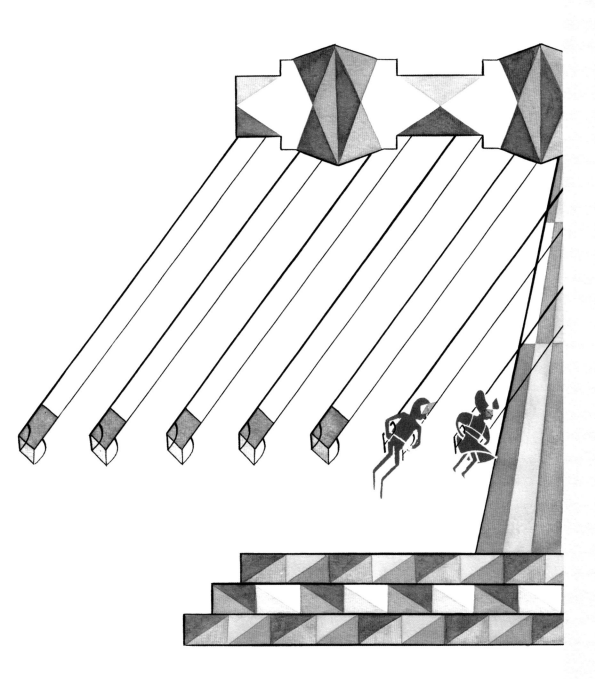

쇼텐하멜이 도착했을 때는 이미 회전그네가 미친 듯이 회전을 시작한 상황이었다. 감히 누구도 그네에 접근할 엄두를 내지 못했다. 한편 알베르트는 이러다 혹 천년만년 그네 위에서 빙빙 맴만 돌다 인생 종 치는 건 아닌지 슬슬 걱정이 되기 시작했다. 그러나 차근차근 생각해 보니, 제아무리 세계에서 가장 큰 저수조라도 이런 속도로 회전하는 놀이기구를 평생 돌리는 일은 불가능할 것이라는 결론에 도달했다. 그때 마야가 알베르트를 향해 소리쳤다.

"회전그네에 더 이상 속도가 붙지 않는 것 같아!"

그러나 빙글빙글 맴을 도는 놀이기구 위에서 사람들이 어찌나 요란하게 고함을 질러 대는지 마야의 목소리는 잘 들리지 않았다. 그러자 이번에는 알베르트가 고함을 질렀다.

"맙소사! 그네가 자꾸만 바닥으로 내려앉으려 해! 분명 하인리히가 크뇌델을 너무 많이 먹은 탓이야! 하인리히, 당장 그네에서 내려!"

가엾은 하인리히는 순순히 주인의 명령을 따랐다. 하인리히는 안전벨트를 풀고 수백 미터 밖으로 날아갔다.

"반자이!"[11]

바닥과 충돌하기 직전 하인리히가 속으로 중얼거렸다. 다행히 하인리히가 추락한 지점에는 닐스 보어가 서 있었다. 난쟁이 던지기 장수 닐스 보어는 지구상에서 빛처럼 빠른 속도로 날아오는 개를 낚아챌 수 있는 유일한 사람이었다. 그러나 어찌된 일인지 하인리히가 내린 뒤에도 회전그네는 자꾸만 바닥으로 내려앉았다.

11 태평양전쟁 당시 일본의 자살 특공대가 임무를 수행하며 외쳤던 말로 '만세'라는 뜻이다.

47

"내 생각에는, 속도가 붙을수록 그네가 더 무거워지는 것 같은데!"

우리의 주인공, 알베르트의 두뇌는 회전그네만큼이나 빠른 속도로 핑핑 돌았다.

"도무지 믿을 수 없는 일이야! 가속으로 발생한 에너지가 마치 질량으로 전환되기라도 한 것 같아! 그렇다면 혹 질량과 에너지는 동전의 양면처럼 똑같은 실체의 두 가지 다른 형태가 아닐까? 어디 한 번 계산해 보자! 에너지가 E, 질량이 m이라고 할 때, E는 m과 비례한다고 가정할 수 있지. 그러나 두 값이 완전히 등가라고 보기는 힘들어. 왜냐하면 두 물리량의 단위가 서로 다르니까. 뉴턴에 따르면 에너지를 질량으로 치환하기 위해선 속도의 제곱을 대입해 줘야 해. 그래, 여기까진 좋았어! 그런데 이 인수는 어떤 상황에서든 불변의 값을 지녀야만 하지. 그러니 쇼텐하멜의 천막에서 마이컬슨 씨에게 들었던 설명에 따라, 내 식에서는 그 불변하는 상수를 빛의 속도라고 보자! 그리고 이것을 c라고 부르는 거야. 그러면 가속에 의해 발생한 에너지 E는 질량의 증가분 $m=E/c^2$과 같다고 표현할 수 있을 거야. 다시 말해, $E=mc^2$이라고 할 수 있지. 겉으로는 아주 간단해 보이지만, 실은 머리를 열심히 쥐어짜야만 나오는 식인 거야!"[12]

그러나 골똘히 사색에 잠긴 알베르트와 달리 마야는 그저 속이 울렁거려 괴로울 뿐이었다.

---

12 아인슈타인은 질량과 에너지가 결국 같은 것이라는 질량-에너지 등가원리를 발견했다. 좀 더 자세한 설명은 책 뒤의 해제 참조.

5분쯤 지나자 그네에 공급되던 저수조 물이 바닥을 드러냈다. 그네는 점점 속도가 줄어드는가 싶더니 급기야 삐거덕 소리를 내며 멈춰 버렸다. 이보다는 더 오래도록 그네가 돌아 주기를 기대한 알베르트와 마야는 과속 질주로 산발이 된 머리와 수심 가득한 표정으로 황급히 그네에서 내렸다. 그러나 아무리 둘러봐도 쇼텐하멜의 모습은 그 어디에도 보이지 않았다.

게다가 옥토버페스트 거리를 지나는 사람들의 옷차림이 어쩐지 이상해 보였다. 놀이공원의 분위기도 조금 전과는 영 딴판이었다. 알베르트 일행은 자동차 여러 대가 눈앞으로 지나가는 모습을 본 순간 그만 기절할 뻔 했다. 그때까지 자동차라고는 책에서 본 것이 전부였던 것이다.

"신문이요, 신문! 따끈따끈한 〈도이치 알게마이네 차이퉁〉지가 나왔어요! 힌덴부르크 대통령이 쇼텐하멜을 독일 수상으로 임명했다는 소식입니다!"

우표 모양의 콧수염을 기른 신문팔이 남자[13]가 목청이 떨어져라 외쳤다. 신문 제목을 흘깃 쳐다보다 신문에 적힌 날짜를 발견한 알베르트는 순간 등줄기가 오싹해졌다. 오늘이 바로 1933년[14]이었다! 번개 같은 속도로 돌아가는 회전그네 덕분에 시간 여행을 하게 된 것이다.

13 히틀러를 연상시키는 외모이다.
14 히틀러가 독일 수상이 된 해이기도 하다.

"쇼텐하멜이 수상이라니! 믿을 수 있어, 오빠?"

충격을 받은 마야가 알베르트에게 말했다. 그러나 정치에 도통 관심이 없는 알베르트는 엉뚱하게도 동문서답만 할 뿐이었다.

"우리가 빠른 속도로 이동하면 그만큼 우리의 시간은 다른 사람보다 더 천천히 흐르기 마련이야. 그러니 마야, 만일 네가 나와 함께 회전그네에 오르지 않았다면, 믿기 힘들겠지만 내가 놀이기구에서 내렸을 때 너는 아마도 내 누나뻘이 되어 있었을 거야. 그것도 나이 차이가 한참 나는 큰누나뻘."[15]

"오빠, 그건 그렇고 우리 가엾은 하인리히는 어떻게 됐을까? 우리가 지금보다 훨씬 더 속도를 높여 시간을 거슬러 올라간다면 하인리히를 다시 만날 수 있지 않을까?"

마야가 지난 일을 후회하며 말했다.

"불행한 일이지만 아마도 불가능할 거야. 우리가 빛의 속도에 가까워지면 시간이 멈춰 버리거든. 따라서 시간을 거슬러 올라가려면 우리가 빛의 속도를 넘어서야만 해. 물론 증기를 동력으로 굉장히 빠르게 돌아가는 회전그네도 있지만, 최대 속도는 결국 유한하기 마련이거든. 그러니 빛의 속도에 도달하기 위해서는 무한 에너지가 필요하지. 하물며 빛의 속도를 넘어선다는 건 더욱 더 불가능한 일일 거야. 그리고 잠시 생각해봤는데 말이야. 만일 우리가 빛의 속도를 넘어선다면 아마도 역설적인 상황들이 수도 없이 발생할 거란다. 예를 들어 시간을 거슬러 올라가 훗날 아버지가 어머니를 만나기도 전에 내가 아버지를 죽이기라도 한다면 어떻게 될까? 그럼 나라는 존재는 더 이상 이 세상에 존재할 수 없을 거야. 이 얼마나 끔찍하고 골치 아픈 일이니! 마야, 아니야. 우리의 연구가 이상하게 보이는 것까지는 괜찮지만 결코 사리에 어긋나서는 안 돼. 자고로 신은 교묘하지만 악의를 지닌 존재는 아니거든!"

15 아인슈타인은 빠르게 움직이는 물체의 시간이 늘어난다는 이른바 '시간 지연 현상'을 주장했다. 좀 더 자세한 설명은 책 뒤의 해제 참조.

그때 한 노인이 불쑥 오누이의 대화에 끼어들었다.

"죄송합니다만, 혹시 알베르트 아인슈타인 씨와 그분의 여동생, 마야 양이 아니신지요?"

"네, 그런데요."

오누이가 놀란 얼굴로 대답했다.

"정말 흥미롭군요. 두 분은 그동안 하나도 변하질 않으셨네요! 맙소사, 옛날에 제가 빌려 드린 옷도 그대로 입고 계시는군요! 혹시 두 분, 세가 누군지 알아보시겠어요?"

"아, 네! 사진사 아저씨 아니세요!"

마야가 소리쳤다.

"네, 맞습니다! 1896년에 여기서 일했던 사진사입니다. 외람된 말씀입니다만, 저는 당시 뮌헨, 아니, 바이에른 왕국을 통틀어 최고의 사진사로 명성을 날렸었죠. 평생 사진사로 일하며 영국 여왕부터 니스 카니발 여제에 이르기까지 온갖 왕관 쓰신 분들의 모습을 사진기에 담아 왔답니다. 그나저나 선생님들에 대해서도 생각나는 게 있습니다만……."

사진사는 잠시 말끝을 흐리는가 싶더니 다시 이야기를 이어 갔다.

"선생님들께서 제 사진관에 다녀가시고 난 뒤 저 혼자 사진기의 초점을 조절하고 있을 때였습니다. 바로 그때 롤러코스터를 탄 선생님께서 덩치 큰 쇼텐하멜을 총으로 쏘셨지요. 바로 그 순간 제가 찍은 사진이랍니다. 한번 보시겠어요. 정말 기이하죠? 제 평생 이 사진을 버릴 수가 없어서 늘 이렇게 품속에 꼭 간직하고 다녔답니다……."

놀랍게도 사진 속의 마야와 알베르트, 쇼텐하멜은 멸치처럼 비쩍 마른 모습을 하고 있었다. 마치 롤러코스터가 전체적으로 수축을 일으킨 것처럼 보였다.[16] 사진사가 설명을 곁들였다.

"처음에는 렌즈에 이상이 있는 줄로만 알았습니다. 그래서 재차 점검을 해봤지요. 그러나 결코 장비 문제는 아니더군요. 외람된 말씀입니다만, 문제는 바로 선생님들이었습니다!"

16 아인슈타인은 빠르게 움직이는 물체는 운동 방향으로 길이가 수축된다는 이른바 '길이 수축 현상'을 주장했다. 좀 더 자세한 설명은 책 뒤의 해제 참조.

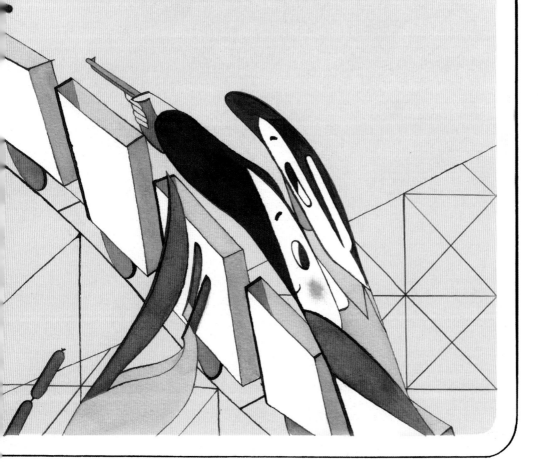

"정말 신기한 일이네요! 몸이 찌그러지는 듯한 느낌은 전혀 없었는데. 아마도 우리가 존재하고 있는 세계 전체가 동시에 압축되었기 때문에 이상할 게 없었던 것 같아요. 우리의 외피만이 아니라 뼈와 근육, 관절까지 몽땅 쪼그라든 거죠! 우리의 모든 신체 기관이 다른 기관에 대해 상대적으로 같은 크기를 지니니까, 당연히 우리는 찌그러지는 듯한 고통은 느낄 수 없었던 거예요."

"마야, 물론 가능한 일이야. 그런데 내 눈에는 그보다 더 충격적인 장면이 있는걸. 여기 이 사진을 좀 볼래? 하인리히가 줄줄이 소시지를 들고 롤러코스터에서 뛰어내리는 순간, 쇼텐하멜이 열차 맨 뒤 칸에서 우리를 향해 총을 쏘고 있잖아. 그런데 정작 우리는 아무런 반격도 하고 있지 않아. 이상하지 않니?"

"어, 정말 이상하네. 하인리히도 우리처럼 열차 앞쪽에 앉아 있었으니 뛰어내릴 때도 우리가 먼저 봤을 텐데. 그랬다면 분명 오빠가 먼저 그자에게 방아쇠를 당겼을 테고!"

바로 그때 흥분으로 얼굴이 벌겋게 달아오른 사진사가 뜻밖의 이야기를 꺼냈다.

"혹시 쇼텐하멜이 선생님들을 상대로 소송을 제기했던 건 아십니까? 선생님들께서 도무지 그 요상한 회전그네에서 내려올 생각을 안 하시니 선생님들 없이 결석재판이 열렸죠. 쇼텐하멜은 선생님들이 먼저 총을 쐈다고 소를 제기했어요. 그런데 제가 찍은 사진에서 먼저 방아쇠를 당긴 쪽은 오히려 그자였죠. 결국 쇼텐하멜은 재판에 졌고, 분한 마음에 그만 정계에 진출하기로 마음먹었답니다!"

알베르트는 탄성을 질렀다.

"와, 정말 대단해! 관측자의 관점에 따라 사건이 발생한 순서가 항상 똑같지는 않다는 걸 우리가 방금 실험을 통해 확인한 셈이잖아. 열차에서 볼 때는 내가 먼저 총을 쏘고, 그다음에 쇼텐하멜이 방아쇠를 당긴 것처럼 보였겠지만 우리 사진사 아저씨의 관점에서는 쇼텐하멜이 먼저 총을 발포한 것처럼 보였던 거야. 요컨대 사진사 아저씨가 열차의 앞쪽과 뒤쪽에서 일어난 사건을 동시에 일어난 사건으로 파악했다면, 우리의 입장에서는 앞쪽의 사건이 뒤쪽의 사건보다 더 지체되어 일어났던 셈이지. 그런데 그렇게 시간이 지체되는 동안 열차 뒤 칸은 살짝 앞쪽으로 이동했고, 그러니 사진에서는 기차가 길게 압축된 것처럼 보였던 거야. 천만다행으로 우리는 사건이 일어난 순서가 뒤바뀐 덕분에 무죄 판결을 받았던 거지. 소송 중에 재판부는 쇼텐하멜의 증언보다는 사진을 더 신뢰했을 테니 말이야."[17]

"쇼텐하멜도 나름대로 진실을 말했던 건데……."

마야가 말했다.

"맞아. 하지만 자신의 진실을 말했던 거지, 결코 외부의 관찰자가 본 진실은 아니었던 거야. 결국 우리 사건에서는 시간이나 길이는 물론, 심지어 진실까지도 상대적인 것이 되어 버린 셈이군."

알베르트와 마야는 자신들의 충직한 벗 하인리히가 어떻게 되었는지 사진사에게 물었다.

"여러분의 친구는 아마 지금쯤 세계 최고령 개가 됐을 겁니다! 틀림없어요! 회전그네에서 튕겨져 나오는 걸 닐스 보어가 받아 냈는데 그 뒤로 둘은 거울 궁전에서 함께 일을 하고 있지요."

이 말을 들은 우리 친구들은 사진사에게 깊은 감사의 인사를 전한 뒤 빌려 입었던 옷들을 몽땅 되돌려 주고는 부리나케 하인리히를 찾아 나섰다.

17 시간이란 것이 누구에게나 똑같은 절대적 물리량이 아닌 관측자의 상대운동에 따라 다양하게 인식된다고 생각한 아인슈타인은 시간의 동시성을 부정했다. 그는 빠르게 움직이는 물체의 시간은 더 늘어난다는 이른바 '시간 지연 현상'을 주장했다. 좀 더 자세한 설명은 책 뒤의 해제 참조.

거울 궁전에 도착한 알베르트와 마야는 한눈에 하인리히를 알아보았다. 하인리히는 맛있는 소시지를 먹느라 정신이 없었다. 반면 왕년의 스타였던 난쟁이 던지기 장수 닐스 보어는 세월이 흐르면서 허리가 굽고 몸도 비쩍 말라 예전의 모습은 찾아 볼 수 없었다. 회전그네에서 뛰어내린 하인리히를 받다가 허리를 다친 닐스 보어는 알베르트와 마야가 회전그네를 타고 맴을 도는 동안 잠시 병상에 누워 크뇌델 실험에 대해 곰곰이 곱씹어 볼 기회가 생겼다. 그는 다시 코펜하겐대학으로 돌아가 20년 동안 물리학을 공부했다. 그러나 옥토버페스트의 천막을 잊지 못한 그는 다시 뮌헨으로 돌아왔고 그곳에서 낡은 거울 궁전을 사들여 밤마다 새로운 종류의 난쟁이 던지기 쇼를 선보였다.

"요즘에 내가 던지는 게 뭔지 아나? 바로 광자라네."

닐스 보어가 의기양양한 목소리로 말했다.

"미안하지만 방금 뭐라고 하셨죠? 혹시 제가 잘못 들은 건가요?"

마야가 되물었다.

"아니, 제대로 들은 게 맞아. 요즘 나는 광자를 던진다고 했네. 자네들이 예전에 어떻게든 속도를 높여 보려고 안간힘을 쓰던 바로 그 빛 알갱이들 말이야. 광자는 질량이 제로라서 손전등을 든 난쟁이들을 던지는 것에 비하면 아주 식은 죽 먹기지! 물론 난쟁이를 직접 던질 때만큼 인상적인 볼거리를 제공하지는 못하지만 말일세. 그래서 나는 한 가지 묘안을 짜냈네. 광자가 통과할 때마다 형형색색의 빛을 내는 감지기를 만들어 낸 거야. 밤에 보면 기가 막히지! 게다가 이제는 관객도 직접 쇼에 참여할 수 있게 했다네. 무릇 시대에 발맞춰 살아가는 법을 배워야 하지 않겠나. 우리의 얼간이 수상 쇼텐하멜이 입버릇처럼 말하듯 말일세!

61

"자네들도 어디 한번 해 보겠나? 얼마나 재미있는지 몰라. 나는 이걸 '양자 페탕크 놀이'[18]라고 부르지. 광자도 양자니까 말일세. 원한다면 아주 작은 에너지 덩어리라고도 부를 수 있을 거야. 이 놀이의 규칙은 매우 간단해. 1라이히스마르크[19]만 내면 거울 궁전 입구에다 모두 10개의 광자를 던져 넣을 수가 있다네. 일단 내부로 들어간 광자는 사방으로 마구 튀어 오르지. 거울이 아주 새 것은 아니라서 어떤 거울은 광자를 반사하기도 하지만, 또 어떤 거울은 광자를 그냥 투과하기도 하거든. 광자가 어느 방향으로 튈지는 아무도 모른다네. 광자는 모든 여정을 마치고 나면 마지막에 저기 보이는 세 출구 중 한 곳으로 나오지. 출구 밖에는 표적 공이 하나 놓여 있어. 그 표적 공은 아주 예민해서 미세한 빛에도 감응하지. 그러니까 광자로 표적 공을 맞춰 표적 공이 떨리게 하는 사람이 이 게임의 승리자가 되는 거야! 그럼, 어디 자네들도 한번 해 보겠나?"

알베르트와 마야가 궁전 안에 광자 몇 개를 던져 넣자 사방에서 감지기들이 마구 빛을 냈다. 그러나 들어갔던 광자는 결국 표적 공을 맞추지 못한 채 그대로 나왔다. 그러자 닐스가 눈을 찡긋 감으며 말했다.

"자네들, 내가 첫판에 이긴다는 데 얼마를 걸 텐가?"

닐스가 은밀히 휘파람을 불자 하인리히가 거울 궁전 안으로 사라졌다. 그리고 닐스는 온 힘을 다해 광자들을 궁전 안으로 던져 넣었다. 잠시 후 표적 공이 떨렸다!

"맙소사, 말도 안 돼!"

알베르트와 마야가 일제히 외쳤다.

18 공을 최대한 다른 표적 공에 가깝게 던져 넣는 프랑스 전통 놀이.
19 1924년부터 1948년까지 유통된 독일의 화폐.

"하하하!"

닐스가 한껏 거드름을 피우며 웃었다. 방금 전 자신이 부린 재주가 꽤나 재미있는 모양이었다.

"그거 아나? 다른 사람들도 모두 자네들과 똑같은 반응을 보였다는 거? 내 자네들에게 이런 귀신이 곡할 만한 일이 어떻게 벌어진 건지 차근차근 설명해 주겠네. 먼저 손님들이 거울 궁전 안에 광자를 던지는 경우부터 살펴보자고. 출구 바깥에는 결코 빛이 닿지 않는 어둠의 지대가 존재한다네. 바로 그곳에 표적 공을 가져다 놓는 거야. 그리고 거울 뒤에 설치한 감지기들을 끄고, 광자가 어떤 경로를 지나든 관계없이 마구잡이로 감지기가 빛을 내도록 미리 꾸며 놓는 것이지. 반면 내가 직접 시연을 할 때는 말이야, 하인리히에게 은밀히 휘파람을 불어 궁전 안으로 들어가게 한다네. 그리고 아무도 모르게 나는 감지기를 켜지. 그렇게 하면 거울 궁전 안에 들어간 우리 착한 견공께서 광자의 이동 경로를 정확히 관찰할 수가 있지. 그런데 자네들이 믿을지 안 믿을지는 모르겠네만, 광자의 경로를 추적하는 방법이 있다는 그 사실 하나만으로도 우리는 어둠의 지대를 사라지게 만들 수가 있다네! 그보다 더욱 놀라운 사실은 나조차도 어떻게 그런 일이 가능한지 도무지 알 수가 없다는 거야. 흡사 이 세상에 우연을 관장하는 작은 꼬마 악마가 존재하기라도 하는 것만 같다네. 우리가 악마의 가면을 벗기려 다가가는 순간, 그 악마는 어둠의 지대와 함께 저 멀리 사라지고 마는 거지!"[20]

"도통 무슨 소린지 이해할 수가 없군. 세상에 이해하지 못하는 것만큼 싫은 것도 없는데."

알베르트가 얼굴을 찌푸리며 말했다.

"내 동료들 가운데는 광자가 여러 평행 우주에 동시에 존재한다고 생각하는 사람들도 있다네. 그들은 어둠의 지대가 존재하는 것이 수많은 평행 세계들이 서로 공존하고 있기 때문이라고 본다네. 관측을 하기 전까지 인간은 자신이 사는 세계가 정확히 어디인지 알 수 없기에 어둠의 지대가 존재한다고 보는 거지. 그러나 관측자가 존재하는 순간, 그 수많은 세계는 단번에 단 하나의 세계로 환원된다네.

"매우 사변적인 이론으로 들리는군요."

마야가 심드렁하게 말했다.

---

20 양자역학에서는 관찰이 행해질 때만 실체가 존재한다고 본다. 그러나 양자론에 내포된 이런 우연성과 예측 불가능성을 믿지 않았던 아인슈타인은 '신은 주사위 놀이를 하지 않는다'는 유명한 말을 남기며 양자역학의 불확실성에 반기를 들었다. 좀 더 자세한 설명은 책 뒤의 해제 참조.

65

"이 이론대로라면, 지금 우리가 사는 세계와는 또 다른 세계들이 무수히 존재할 것이네. 어쩌면 그곳에서 나는 내 일생의 낙이었던 난쟁이 던지기 장수가 아닐 수도 있겠지! 또 자네들은 회전그네에 올라타지 않았을 수도 있고! 알베르트, 어쩌면 그 세계에서 자네는 사람들의 존경을 한 몸에 받는 백발이 성성한 노신사가 되어 있을지도 몰라! 어쩌면 노벨상 수상자가 되었을 수도 있겠지! 또 독일에서는 쇼텐하멜이 아닌 다른 자가 수상이 되었을지도 모르네. 일테면 방금 전 우리 곁에서 신문을 팔던 그 무시무시한 악동 아돌프가 수상이 되었을지 그 누가 알겠나! 이보게, 나는 그 소년의 머릿속이 어떤 사상으로 가득 차 있는지 잘 안다네. 이마 녀석이 독일 수상이 되었다면 나 역시 자네들 목숨을 파리 목숨처럼 생각했을지도 몰라. 그 밖에 또 어떤 세계가 더 존재할 수 있을까? 그 다양한 세계들은 서로 어떠한 상호 작용을 할까?"

그러나 알베르트는 닐스의 장광설에 이렇게 잘라 말할 뿐이었다.

"아니, 신은 주사위 놀이를 하지 않는다네."

"알베르트 아인슈타인! 대체 자네가 뭐라고, 감히 신에게 이래라저래라 하는 건가?"

무지의 세계를 환히 밝힌 고독한 등대지기 _ 아인슈타인을 말하다

누군가에게 빛은 가슴 벅찬 태초의 시작을 의미하기도, 깜깜한 무지의 세계를 밝히는 환한 광명을 의미하기도 한다. 혹은 섬광처럼 번뜩이는 영감의 찰나나 각성의 순간을 상징하기도 한다. 과학사에서도 빛은 중요한 의미를 지닌다. 요컨대 과학자들 사이에서 빛은 열렬한 지적 탐구의 대상이있다. 가령 아인슈타인은 빛에 대한 호기심을 단초로 혁명적 발견을 이루어 냈으니, 빛에 대한 집요한 추적이 현대물리학의 중요한 두 축으로 통하는 **양자역학**과 **상대성이론**의 탄생에 밑거름이 되었던 것이다.

아인슈타인은 16살이 되던 해부터 빛에 대한 탐구에 심취했다. 그는 틈만 나면 사색에 잠기곤 했다.
'내가 빛을 쫓아간다면 어떤 일이 벌어질까? 거울을 들고 빛의 속도로 달려갈 때 거울 속에 비친 내 얼굴은 어떤 모습일까? 내 얼굴에서 나가는 빛이 거울에 닿지 못할 테니 얼굴이 거울에 비치지 않겠지. 하지만 어떻게 그런 황당무계한 일이 일어날 수 있을까?'
빛에 대한 관심은 평생 아인슈타인의 연구에 지대한 영향을 미쳤다. 사실 1905년에 발표한 일련의 논문도 바로 이러한 빛에 대한 관심으로부터 탄생했다. 과학사에서 1905년은

흔히 '기적의 해'로 불린다. 만유인력의 법칙과 광학 원리, 미적분학 등의 발견으로 고전물리학이 널리 발전한 기적의 해가 1966년이라면, 1905년은 현대물리학의 등장에 한 획을 그은 기적의 해였다. 바로 이 해에 아인슈타인은 3월부터 3주 간격으로 기존의 물리학 체계를 송두리째 뒤흔들 만한 기념비적인 논문을 독일의 저명한 학술지 〈물리학 연보〉에 줄줄이 발표했다. 대표적인 논문이 바로 **광양자 이론, 브라운 운동, 특수상대성이론**에 관한 연구였다.
간단히 설명하자면, **광양자 이론에 관한 논문***은 빛이 파동성뿐만 아니라 입자성도 가지고 있음을 밝혀낸 연구였다. **브라운 운동에 관한 논문**은 물에 떨어뜨린 꽃가루를 현미경으로 관찰하면 입자의 움직임이 자유분방한 현상(브라운 운동)을 볼 수 있는데 이를 분석하면 물 분자의 크기를 가늠할 수 있음을 입증한 연구였다. 마지막으로 '운동하는 물체의 전자기학'이라는 제목의 논문은 바로 우리의 귀에도 익숙한 그 유명한 **특수상대성이론에 관한 논문**이다. 대부분의 사람들은 아인슈타인이 상대성이론으로 노벨물리학상을 받았을 것이라고 생각하지만 사실 그에게 노벨상의 영예를 안겨 준 연구는 다름 아닌 광양자 이론이었다. 물론 나머지 논문들도 기존 물리학의 패러다임을 완전히 뒤엎을 혁명적인 논문임에는 분명하지만, 사고실험에 입각한 상대성이론은 실험으로 입증하기가 어렵다는 문제가 있었다. 그럼에도 우리는 아인슈타인하면 가장 먼저 상대성이론을 떠올린다. 특히 상대성이론은 그것을 제대로 이해한 사람이 전 세계에 단 세 명에 불과하다는 우스갯소리가 있을 정도로 매우 난해한 이론임에도 놀랍게도 대중적으로 널리 사랑받고 있다. 특히 최근에는 상대성이론을 시각적으로 멋지게 구현했다는 호평과 함께 SF영화 〈인터스텔라〉가 국내에 상륙해 홍행 돌풍을 일으키면서 아인슈타인의 이론에 대한 한국 대중의 관심도 한층 더 높아졌다. 그 난해성에도

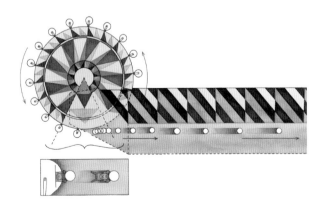

불구하고 상대성이론이 대중적으로 인기 있는 것은 아마도 그것이 인간의 무한한 상상력을 자극하는 데 이유가 있지 않을까. 그렇다면 그토록 유명한 상대성이론은 대체 무엇일까?

빛을 쫓다, 빛이 되다 - 상대성이론

상대성이론에 대해 살펴보려면 그전에 먼저 상대성이론이 크게 두 가지로 나뉜다는 사실을 주지할 필요가 있다. 1905년에 발표한 **특수상대성이론**과 이를 더욱 발전시켜 1915년 발표한 **일반상대성이론**이 그것이다. 흔히 우리는 일반이란 말이 붙었으니 당연히 일반상대성이론이 더 앞선 이론일 것이라 쉽게 추측할 것이다. 그러나 결코 그렇지 않다. 특수상대성이론이 어떤 특수한 조건을 가정한 이론이라면, 일반상대성이론은 일반적인 조건에서도 성립하는 이론이기 때문이다. 말하자면 '특수'란 말이 붙은 특수상대성이론은 등속운동이라는 특수한 조건을 가정한 이론인 반면, 일반상대성이론은 등속운동에 한정되어 있던 특수상대성 이론을 가속운동의 경우까지 고려해 더욱 발전시킨 이론인 셈이다.

1. 특수상대성이론
① **상대성원리**
② **광속 불변의 원리**

특수상대성이론을 설명하려면 이것이 두 가지 가설을 전제로 한다는 사실부터 짚고 넘어갈 필요가 있다. 바로 **상대성원리**와 **광속 불변의 원리**가 그것이다. 상대성원리는 '등속

운동하는 관성계 안에서는 모든 물리 법칙이 동등하다'고 가정하고, 광속 불변의 원리는 '진공에서 광속은 초속 30만 ㎞로 일정하다(빛의 속도는 관찰자의 속도나 광원의 속도에 상관없이 항상 일정하다)'고 가정한다. 그렇다면 이제부터 이런 두 가지 가설 위에 세워진 특수상대성이론에 대해 조금 더 자세히 살펴보자. 그러려면 먼저 당대 물리학의 연구 상황부터 잠시 짚고 넘어갈 필요가 있다.

16~18세기 과학계는 빛의 본성을 놓고 뜨거운 논쟁을 벌였다. 어떤 이는 빛이 입자의 성질을 띤다고 주장했고, 어떤 이는 빛은 파동의 성질을 지닌다고 주장했다. 그러다 18세기에 들어서면서 토머스 영이 이중 슬릿 실험을 통해 빛은 파동임을 밝혀냈다. 이어 제임스 맥스웰도 '빛은 전자기파이며 빛의 속도는 초속 30만 ㎞'라는 사실을 이론적으로 입증해 냈다. 이로써 빛의 본성에 관한 논쟁에도 종지부가 찍힌다. 빛이 전자기파라는 말은 곧 빛이 전기와 자기의 진동이 한데 어우러져 만들어 내는 파동이라는 의미였기 때문이다. 그러나 빛이 파동이라는 사실은 또 다시 골치 아픈 문제를 제기했다. 파동이 퍼지려면 파동을 옮기는 매개체, 즉 매질이 필요했던 것이다. 가령 소리는 공기를 통해 전파되고, 파도는 물을 통해 전파되듯이, 파동도 퍼지려면 중간 매개체가 필요하다는 것인데 분명한 건 공기는 빛의 매질이 될 수 없다는 사실이었다. 저 먼 우주의 별빛이 지구에까지 도달하는 데서 볼 수 있듯이, 빛은 공기가 존재하지 않는 우주 구석구석까지 가 닿을 수 있으니 말이다. 그래서 고심 끝에 학자들은 빛의 매질로 '에테르'라는 가상의 물질을 상상해 내기에 이른다. 그러나 에테르가 빛의 매질이라는 가설이 성립하려면 에테르는 아주 기이한 성질을 띠어야만 했다. 먼저 빛의 속도는 본디 매질의 영향을 받기 마련이라는 사실을 떠올려 보자. 가령 파동의 속도는 매질의 군

기가 강할수록 빨라진다. 하물며 빛을 전달하는 매질이라면, 이 우주 공간에는 강철보다 더 단단한 물질이 빽빽이 채워져 있어야 할 것이다. 게다가 지구는 태양 둘레를 공전한다. 그러니 지구는 이 강철보다 더 단단한 물질을 유유히 뚫고 지나갈 수 있어야만 할 것이다. 이처럼 에테르를 빛의 매질로 가정하는 순간 말도 안 되는 문제들이 제기되었으나 과학자들은 에테르가 매질이라는 가설을 포기할 수 없었다. 에테르를 포기하는 순간 빛이 파동임을 부인해야 했기 때문이다. 결국 과학자들은 에테르의 존재를 입증하기 위한 연구에 돌입했다. 그 가운데 가장 대표적인 연구가 바로 앨버트 에이브러햄 마이컬슨과 에드워드 윌리엄스 몰리가 실시한 이른바 '마이컬슨-몰리 실험'이다. 마이컬슨은 이 책에서도 잠시 등장한 바 있는 과학자이다.

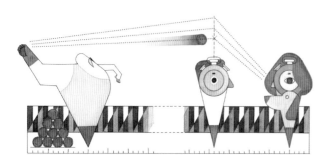

마이컬슨과 몰리는 직접적으로 확인하기가 힘든 에테르의 존재를 검증하기 위해 간접적인 방법을 사용했다. 즉 에테르의 흐름에 착안한 실험을 시도한 것이다. 달리는 차창을 머릿속에 떠올려 보자. 달리는 차창 밖으로 손을 내밀면 차가 움직이는 방향과 반대로 부는 바람을 느낄 수 있다. 마찬가지로 만일 우주 공간이 에테르라는 물질로 가득 차 있다면, 지구가 태양 둘레를 공전하는 사이 지구 주변에는

에테르가 바람을 일으킬 것이다. 이 대목에서 마이컬슨과 몰리는 다시 빛에 주목했다. 즉 지구가 1년 주기로 공전한다면 6개월 뒤 우리가 마주하는 별빛은 공전 방향과 정반대에 위치하게 된다. 그렇다면 6개월 차이를 보이는 두 지점에서 별빛의 속도는 에테르 바람의 영향으로 각기 달라질 수밖에 없을 것이다. 마이컬슨과 몰리는 이 사실을 검증하기 위해 중간에 빛이 두 개로 분리될 수 있게끔 비스듬히 반투명 거울을 설치한 실험 기기를 고안해 냈다**. 반투명 거울은 빛의 일부는 통과시키는 반면 나머지는 반사하는 성질이 있다. 그러니 반투명 거울을 통과한 빛은 그대로 직진하는 빛과 직각으로 반사되는 빛으로 각기 갈라질 것이다. 한편 두 과학자는 광원과 반투명 거울이 일직선을 이루는 쪽과 광원과 반투명 거울이 직각을 이루는 쪽에 각각 거울 1개씩을 설치했다. 만약 에테르가 있다면 둘 중 하나의 빛은 에테르 바람의 영향을 받아 더 늦게 도달할 것이었다. 그러나 놀랍게도 실험 결과 빛은 언제나 같은 시간에 도착했다. 어떤 운동 상태에서 관찰하든 **빛의 속도는 항상 일정**했던 것이다.

그런데 모두가 이처럼 빛의 매질을 규명하는 문제에 매달려 있을 때 아인슈타인만은 유독 빛의 속도 자체에 주목하는 놀라운 직관력을 보였다. 만일 우리가 광속에 가까운 속도로 달리는 도중 빛을 바라보면 빛의 속도는 상대적으로 0에 가까워져야만 한다. 그런데 빛은 파동의 성질을 지니므로 우리가 빛의 속도로 움직인다면 빛이 정지된 모습을 볼 수 있어야 할 것이다. 그러나 맥스웰이란 과학자는 빛이 잠시도 멈추지 않고 계속 앞으로 나간다는 사실을 밝혀냈다. 그렇다면 혹 상대성원리가 잘못되기라도 한 것일까? 여기서 아인슈타인은 새로운 발상을 하게 된다. 바로 **빛은 우리가 아무리 쫓아가도 항상 초속 30만 km로 도망가는 것이 아닐까**라는 가정에 도달한 것이다. 그것이 이른바 '광속 불

변의 원리'이다.

앞서 살펴본 것처럼 상대성원리와 광속 불변의 원리는 특수상대성이론의 전제 조건이다. 그러나 이러한 가설은 아인슈타인을 또 다시 깊은 혼란에 빠뜨렸다. 지금 여러분 곁에 시속 1㎞의 속도로 움직이는 에스컬레이터가 있다고 가정해 보자. 그리고 누군가 이 에스컬레이터 위를 시속 1㎞의 속도로 걸어 올라가고 있다고 하자. 고전적 속도 계산법에 따르면 에스컬레이터 위를 성큼성큼 걸어가는 사람의 속도는 에스컬레이터의 속도인 1㎞에, 본인의 걸음 속도인 1㎞를 합해 시속 2㎞의 속도가 된다. 그렇다면 빛의 경우는 어떠할까? 가령 시속 1㎞로 달리는 기차가 있는데 기차 안에 탄 누군가가 기차가 달리는 방향으로 전등을 켠다고 생각해 보자. 전등 불빛은 눈 깜짝할 사이에 광속의 속도로 움직일 것이다. 이때 기차 밖에 정지해 있는 한 관측자가 이 불빛을 본다면 이 관측자에게 전등 불빛의 속도는 대체 얼마로 보일까? 고전적 속도 계산법에 따르면 전등 불빛의 속도는 기차가 달리는 속도에 빛의 속도를 더한 속도여야만 할 것이다. 하지만 우주의 그 어떤 물체도 절대 광속을 뛰어넘을 수는 없다. 그렇다면 고전적 속도 계산법이 잘못되기라도 한 것인가, 아니면 광속 불변의 원리가 잘못된 것인가? 아인슈타인은 둘 중 어느 쪽을 포기해야 좋을지 도무지 알 수 없었다. 고전적 속도 계산법을 포기하면 상대성원리를 부인하는 꼴이 되고, 그것은 곧 특수상대성이론을 부정하는 것이었다. 그런가하면 광속 불변의 원리도 상대성원리를 전제로 한 오랜 사고실험 끝에 얻어 낸 결과였다. 결국 아인슈타인은 둘 중 어느 하나를 선택하는 대신 좀 더 근본적인 차원에서 문제의 실마리를 찾아보기로 했다. 요컨대 **속도라는 개념 자체에 어떤 문제가 있는 것은 아닌지 의심**한 것이다.

• 절대 공간에 대한 회의와 길이 수축 현상

속도란 무엇인가? 속도 = 거리/시간. 이것이 우리가 흔히 알고 있는 속도의 정의이다. 아인슈타인 이전까지만 해도 고전물리학에서는 시간과 거리를 절대적인 물리량으로 인식했다. 하지만 아인슈타인은 이런 **시간과 거리의 절대성에 어떤 문제가 있는 것은 아닌지 의심**을 품고 한 가지 사고실험을 해 보았다. 여기 실내가 훤히 들여다보이는 투명한 기차가 있다. 이 투명한 기차가 선로 위에 정지해 있을 때와

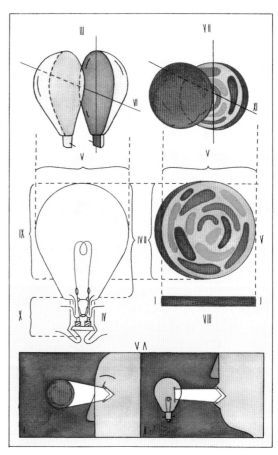

선로 위를 달리고 있을 때 각각 기차 안에 탄 승객 한 명이 동전을 수직으로 떨어뜨리는 경우를 상상해 보자. 기차 밖에서 이 모습을 지켜보는 관측자의 눈에 동전의 궤도는 어떻게 보일까? 기차가 멈춰 있다면 기차 안에 있는 사람이나 기차 밖에 있는 사람 모두에게 동전은 수직으로 낙하하는 것처럼 보일 것이다. 반면 기차가 달리는 경우라면 사정이 달라진다. 기차 안에 있는 사람에게는 동전이 수직으로 낙하하는 것처럼 보이는 반면, 기차 밖 관측자의 눈에는 동전이 포물선을 그리며 떨어지는 것처럼 보일 것이다. 이 말은 곧 모든 관측자에게 똑같은 절대적인 위치는 존재하지 않음을 의미한다. 조금 더 확장하면, 모든 관측자가 보기에 일정한 거리나 공간은 존재하지 않는다는 뜻으로도 해석해 볼 수 있다.

여기서 잠시 길이에 대한 문제로 사유의 범위를 넓혀 보자. 먼저 달리는 기차의 양 끝에 전등이 하나씩 매달려 있다고 가정하자. 기차 밖 플랫폼에는 양 전등의 정중앙 지점에 관측자가 한 명 서 있다. 기차가 멈춰 있는 상태에서 양 전등에 동시에 불이 들어왔다고 상상하자. 아마도 기차 밖 관측자는 양쪽 전등이 동시에 켜졌다고 인식할 것이다. 반면 기차가 출발한 직후(기차가 왼쪽에서 오른쪽으로 이동한다고 가정하자)에 두 전등이 동시에 켜지는 경우라면 기차 밖 관측자는 당연히 기차 뒤쪽(기차가 이동하는 쪽과 반대되는 방향)의 전등이 먼저 켜지고 앞쪽의 전등이 나중에 켜졌다고 인식할 것이다. 여기서 다시 길이에 대한 사유로 돌아가자. 길이란 대체 무엇인가? 길이란 물체의 한끝에서 다른 한끝을 잰 거리를 의미한다. 그렇다면 등속운동을 하는 기차의 길이는 기차 밖 관측자가 기차의 양 끝을 동시에 인식한 길이라는 뜻으로도 해석할 수 있을 것이다. 그런데 기차가 움직이는 경우, 기차 밖 관측자는 기차 뒤쪽의 전등을 앞쪽 전등보

다 먼저 보게 된다. 그렇다면 관측자가 뒤쪽의 불빛과 앞쪽의 불빛을 동시에 인지하는 순간은 어떠할까? 관측자는 기차 뒤쪽의 불빛을 기차가 좀 더 오른쪽으로(기차가 달리는 방향으로) 이동한 지점에서 인식하게 될 것이다. 기차 앞쪽의 불빛이 관측자에게 도달하는 시간 동안 기차가 어느 정도 오른쪽으로 이동했을 것이기 때문이다. 그 순간 관측자는 앞서 오른쪽으로 이동한 기차 앞쪽의 지점보다 결과적으로 더 가까운 지점에서 기차 앞쪽의 불빛을 인식하게 된다. 그래서 움직이는 기차는 자연스럽게 움직이는 방향으로 수축하는 것처럼 보이게 되는 것이다. 이것이 이른바 길이 수축 현상이다.

• 절대 시간에 대한 회의와 시간 지연 현상

길이뿐 아니라 시간의 경우도 마찬가지이다. 다시 아인슈타인의 사고실험으로 돌아가자. 먼저 기차 한 대가 등속으로 선로 위를 지나간다고 가정하자. 한 승객이 기차의 정중앙 지점에 앉아 창밖 풍경을 바라보고 있다. 한편 기차 밖 선로 양쪽에는 일정한 간격을 두고 신호기가 한 대씩 설치되어 있다. 그리고 그 신호기 정중앙에는 관측자가 한 명 자리하고 있다. 달리는 기차 안에 타고 있는 승객과 기차 밖 관측자가 동일한 선상에 놓이는 순간 양쪽 신호기에서 동시에 불이 들어왔다고 상상하자. 이 경우 기차 밖 관측자에게는 기차 밖에 설치된 두 신호기의 불빛이 동시에 들어온 것처럼 보일 것이다. 반면, 달리는 기차 안 승객의 눈에는 기차가 달리는 방향(오른쪽)에 설치된 신호기의 불빛이 먼저 들어올 것이다. 빛의 속도는 일정하므로, 기차가 달리는 방향 쪽에 설치된 신호기와 승객과의 거리가 상대적으로 더 짧아질 것이기 때문이다. 결국 관찰하는 사람에 따라 동시에 일어난 사건이 항상 동시에 일어난 사건은 아닐 수도 있게 되는 것이다. 요컨대 시간의 동시성이란 존재하

지 않는 셈이다. **시간이 언제 어느 때나 똑같은 시각으로 측정되는 절대적인 것이 아니라, 관측자의 상대 운동에 따라 다양하게 인식되는 물리량**이 되어 버리는 것이다. 그렇다면 결국 이 사고실험에서 우리는 달리는 기차 안에 탄 승객과 기차 밖 관측자 중에서 누군가의 시간은 상대의 시간보다 더 느리게 흘렀다고 이해해 볼 수 있을 것이다.

이제 또 다른 사고실험을 살펴보자. 이번에는 위아래로 나란히 마주 보는 두 거울 사이로 빛이 왕복운동을 하도록 만들어진 가상의 시계를 상상하자. 이것이 이른바 광시계라고 불리는 것이다. 먼저 등속으로 달리는 투명한 기차 안에 광시계를 든 승객이 타고 있고, 기차 밖에도 광시계를 든 관측자가 서 있다고 상상하자. 기차 밖 관측자가 기차 안의 광시계를 바라보는 경우, 두 거울 사이를 왕복하는 불빛의 궤도는 기차 밖 관측자 본인이 들고 있는 광시계를 볼 때 나타나는 불빛의 궤도나 혹은 기차 안 승객이 자신이 들고 있는 광시계를 볼 때 나타나는 불빛의 궤도와는 분명 다를 것이다. 기차 밖 관측자의 눈에는 기차 안 광시계의 불빛이 수직으로 왕복운동을 하는 것이 아니라, 비스듬히 위로 올라갔다가 다시 비스듬히 아래로 반사하며 움직이는 것처럼 보이기 때문이다. 이때 수직으로 움직이는 불빛의 거리와 비스듬히 움직이는 불빛의 거리를 비교해 보면 당연히 후자가 더 길다는 사실을 쉽게 알 수 있다. 여기서 다시 속도의 정의로 돌아가자. '속도 = 거리/시간'이다. 그렇다면 거리가 길어졌는데 광속이 불변하기 위해서는 어찌되어야 할까? 결국 시간이 더 길어져야 하지 않을까? 결국 **달리는 기차 안의 시간이 기차 밖의 시간보다 더 늘어나게 되는 셈이다.** 이것이 이른바 **시간 지연 현상**이다. 얼핏 말도 안 되는 소리처럼 들릴지도 모른다. 세상에 시간이 늘어나기도 하고 줄어들기도 하다니. 그러나 실제로 우리는 우주

선(우주 공간에서 지구로 쏟아져 들어오는 미립자)을 통해 시간 지연 현상을 어렵지 않게 확인해 볼 수 있다. 가령 우주에서 입사한 고에너지 입자가 지구 대기와 충돌하면 뮤온이라는 불안정한 입자가 생성되는데, 이 입자의 평균 수명은 100만분의 2초에 불과하다. 말하자면 이 입자는 지상에 내려오기도 전에 소멸한다는 뜻이다. 그러나 실제로는 지표 근처에서 이 입자의 존재를 발견할 수 있다. 결국 뮤온의 속도가 광속에 가깝게 빨라지면서 그만큼 시간이 더 길어지고 입자의 수명이 연장된 것이다.

• 질량 - 에너지 등가원리(E = MC²)

아인슈타인은 비단 시간과 공간에 대한 기존의 개념을 깨부수는 데에 그치지 않았다. 더 나아가 그는 **질량이 곧 에너지**라는 혁명적인 사실을 발견해 냈다. 아인슈타인은 무엇보다 우주 비행선이 광속을 넘지 못한다는 사실에 주목했다. 그는 우주 비행선이 출발하는 순간에는 속도가 힘에 비례해 증가하지만, 광속에 가까워지면서 아무리 강하게 힘을 주어도 속도 증가율이 급격히 저하되는 것을 보며 그

이유가 무엇인지 궁금했다. 이 책에서도 주인공들이 올라 탄 회전그네가 광속에 가까워질수록 점점 더 무겁게 내려 앉지 않았던가. 우리의 주인공들처럼 아인슈타인도 깊은 고민 끝에 결국 우주선에 가한 힘이 우주선의 질량을 증가 시키는 데 쓰였다는 결론에 도달하게 된다. 실제로도 입자 가속기 실험을 통해 우리는 입자들의 속도가 빨라질수록 그만큼 입자들의 질량이 증가하는 현상을 어렵지 않게 확인할 수 있다. 결국 아인슈타인은 우주에 가한 힘이 일, 즉 에너지와 질량의 증가에 모두 관여했음을 발견하고는 결국 **질량과 에너지는 같은 존재의 두 가지 다른 형태**라는 사실을 깨닫게 된다. 요컨대 질량이 에너지고, 에너지가 곧 질량이라는 의미이다. 그 유명한 $E = MC^2$이라는 식도 바로 여기서 비롯된다. 그리고 다른 발견과 달리 이 질량-에너지 등가원리는 원자력 발전이나 원자폭탄 개발 등 우리의 현실 세계에 적지 않은 영향을 미치기도 한다.

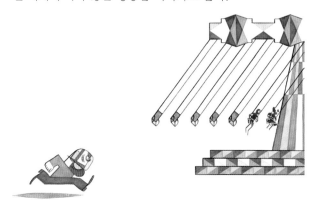

2. 일반상대성이론

아인슈타인은 특수상대성이론을 발견한 것만으로도 기존

의 물리학 체계를 송두리째 뒤흔드는 어마어마한 업적을 남긴 셈이었다. 그러나 그는 특수상대성이론에만 만족하지 않고 10년 동안 특수상대성이론을 더욱 열심히 연구해 이를 한 차원 더 발전시킨 일반상대성이론을 완성하게 된다. 등속운동이라는 기존의 한계를 훌쩍 뛰어넘어 **가속운동의 차원으로까지 상대성이론을 발전시킨** 것이다. 사실 일반상대성이론을 알기 쉽게 설명한다는 것은 매우 어려운 일이다. 여기서는 맛보기 차원에서 개략적으로만 이 이론을 살펴보고 지나가도록 하자.

① **등가원리**(가속도 = 중력)

일반상대성이론에서 아인슈타인은 가속도와 중력이란 것이 별반 차이가 없다는 사실을 밝혀냈다. 이것이야 말로 아인슈타인의 위대한 통찰력을 엿볼 수 있는 지점이다. 가령 엘리베이터를 지탱하던 줄이 끊어져 엘리베이터가 자유낙하하는 상황을 한 번 상상해 보자. 이 경우 엘리베이터 안에 있는 사람은 중력의 존재를 전혀 느끼지 못하는 무중력 상태에 놓이게 될 것이다. 즉 낙하 중인 엘리베이터 안은 중력의 영향권에서 멀어진, 우주 공간에 정지해 있는 엘리베이터 안의 상황과 똑같아지는 것이다. 반면 엘리베이터 위에 줄이 매달려 있어 누군가 우주 공간에서 엘리베이터의 줄을 지구에서의 중력 가속도와 같은 속도로 끌어올린다고 가정하자. 아마도 엘리베이터 안에 있는 사람은 아래로 쏠리는 힘을 받게 될 것이다. 요컨대 엘리베이터 안에 있는 사람은 지구 위에 놓여 있는 엘리베이터 안에 있을 때와 똑같은 상태에 놓이게 되는 셈이다. 아인슈타인은 이와 같은 사고 실험을 통해 결국 몸이 아래로 쏠리는 것과 지구가 우리 몸을 잡아당기는 것, 다시 말해 **가속도와 중력은 결국 같은 것**이라는 결론에 도달하게 된다.

② 휘어진 시공간

아인슈타인의 또 다른 사고실험이다. 당신이 무중력 상태에 있다고 상상하자. 무중력 상태의 우주선 안에서 사과를 옆으로 밀면 사과는 당연히 옆으로 직선 운동을 하며 움직일 것이다. 반면 중력의 영향을 받는 공간, 즉 가속도로 움직이는 우주선 안에서 사과를 옆으로 미는 경우는 어떨까? 아마도 사과는 곡선으로 휘어지며 아래로 떨어질 것이다. 이것은 빛의 경우도 마찬가지이다. 아인슈타인은 **질량이 있는 곳에서는 공간이 휘어진다**고 생각했다. 그리고 실제로 천체 물리학자인 에딩턴이 개기일식 때 태양 뒤쪽에서 오는 별빛을 관측함으로써 빛의 경로가 휘어졌음을 확인하며 이 이론을 실증해 주었다. 아인슈타인은 앞선 사고실험에서 중력이란 결국 잡아당기는 힘 때문이 아니라 공간이 휘어지기 때문에 생기는 것이라는 결론에 도달하게 된다. 요컨대 태양 뒤편에 있는 별에서 나온 빛줄기가 태양 주변의 휘어진 공간을 따라 들어오기 때문에 상식적으로는 결코 관측할 수 없을 것처럼 보이는 태양 뒤편의 별빛을 지구에서 관측할 수 있다는 것이다. 이것은 흡사 폭신폭신한 침대 위에 무거운 공을 올려놓으면 그 주변이 움푹 꺼지는 원리와도 같다. 만일 질량이 큰 물체를 올려놓는다면 그만큼 주변의 휘어짐도 더욱 커질 것이다.

태양처럼 중력이 큰 곳에서 빛이 휘어진다면 태양에서 가까운 곳과 조금 더 먼 곳에서 휘어진 빛의 이동 거리는 서로 다를 것이라는 사실도 쉽게 예측할 수 있다. 즉 태양에서 가까운 곳이 더 짧은 거리를 움직인 셈이 되는 것이다. 그런데 빛의 속도는 항상 일정하므로 **결국 빛이 태양에서 가까운 곳을 지날 때에는 시간이 그보다 더 먼 곳을 지날 때보다 짧아진다**는 사실도 유추할 수 있다. 요컨대 중력이 큰 곳에서는 시간이 더 천천히 흐르는 셈이다. 만약 천체의 밀도가 극단적으로 높은 곳이 있다면 빛이 천체 속으로 빨려 들어가는 일이 생길 수도 있을 것이다. 이것이 우리가 흔히 말하는 '블랙홀'이다.

양자역학의 해석을 둘러싼 아인슈타인 - 보어 논쟁

아인슈타인은 광양자설을 제기하며 그동안 파동의 성질을 가진 것으로 알려져 있던 빛이 실은 입자의 성질을 가진다는 사실을 밝혀냈다. 그와 비슷한 시기에 플랑크라는 과학자가 에너지는 연속적인 흐름이 아니라, 1, 2, 3…… 과 같은 자연수처럼 일정한 양으로 뚝뚝 끊어져 흐른다고 주장했으나 당대 과학자들은 선뜻 플랑크의 견해를 받아들이지 못했다. 반면 아인슈타인은 당시 모든 과학자들이 탐탁지 않게 여기던 양자 불연속성의 개념을 전격 수용하였다. 그러나 이처럼 양자론으로 향하는 문을 활짝 열어젖혔던 당사자가 정작 양자론에 대해서는 비판적인 입장을 견지한 사실은 매우 역설적이다.

빛이 파동성만 지니는 줄 알았던 과학자들이 훗날 빛의 입자성을 발견했듯이 처음에 입자의 성질을 지닌다고 여겨졌던 전자도 나중에 그 파동의 성질이 밝혀졌다. 그것이 이른바 '물질파'이다. 좀 더 명확한 이해를 위해 잠시 '**이중 슬릿 실험**'***에 대해 살펴보자. 1개의 틈새가 난 슬릿 뒤에 2개의 틈새가 난 슬릿을 설치한 뒤 슬릿에 대고 빛을 쏜다. 그러면 슬릿을 통과한 빛은 뒷벽에 간섭무늬를 남긴다. 그런데 빛 대신 전자를 쏜다면 어떻게 될까? 이 경우에도 결과는 똑같다. 슬릿 뒤쪽에 간섭무늬가 생긴다. 요컨대 전자도 파동의 성질을 지닌다는 것이다. 그런데 더욱 놀라운 건 우리가 전자의 위치를 측정하기 위해 슬릿 주변에 관측 장치를 설치하는 순간 벽 뒤에 생겼던 간섭무늬가 사라진다는 사실이다. 즉 관측하는 순간 전자가 파동성을 잃어버리는 것이다. 다시 말해 전자는 우리가 **관측하기 전까지는 여기 저기 파동의 형태로 존재하다가 관측자가 생기면 파동에서 입자로 상태가 변해버린다는 것이다.**

그동안 뉴턴 역학에서는 물체의 본래 위치와 속도만 알면 이 물체의 미래 경로도 충분히 예측할 수 있다고 여겨 왔다. 그러나 미시 세계로 들어가면 이 같은 고전적인 물리법칙이 더 이상 통하지 않는다. 미시 세계를 다루는 양자역학에서 입자는 특정 지점에 확률적으로 존재한다고 보기 때문이다. 원자를 관찰하기 위해 빛을 비추는 경우를 생각해 보자. 원자 안에 약한 빛, 즉 파장이 긴 빛을 비추면 전자의 운동량은 큰 변화가 없어 쉽게 파악할 수 있는 반면, 전자의 위치는 희미해진다. 반대로 센 빛, 즉 파장이 짧은 빛을 쏘면 전자가 선명히 보여 전자의 위치는 파악하기가 쉬워지지만 센 빛 때문에 운동량이 변하기 때문에 전자의 운동량을 측정하기는 더욱 어려워진다. 결국 입자의 현재 위치를 알더라도 다음 순간의 위치를 예측하는 일이 본질적으로 불가능해지는 것이다. 이것이 바로 하이젠베르크가 말하는 '**불확정성원리**'이다. 간단히 말해 **입자의 위치와 운동량을 동시에 정확히 측정하는 것은 불가능하다.** 결국 하이젠베르크를 위시한 코펜하겐학파는 전자의 위치를 제대로 파악하는 것이 힘들다고 보았다. 이전의 세상이 모든 것이 예측 가능한 확실한 세계였다면, 이제는 불확실성으로 가득 찬 모호한 세계만이 존재하게 된 것이다. 불확정성원리에 따르면 결국 물리학은 궁극적으로 통계 이상의 예측은 할 수가 없다.

같은 코펜하겐학파에 속하는 보어도 비슷한 생각을 했다. 그는 '**상보성원리**'를 주장하며, 어떤 물리계의 한 측면에 대한 지식은 그 계의 다른 측면에 대한 지식을 배제한다고 주장했다. 즉 미시 세계의 위치와 운동량은 상보적 관계에 있다고 본 것이다. 이 말을 좀 더 쉽게 풀이하면, **모든 현상에는 양면성이 있어서, 우리가 한 면을 관찰하고 있으면 다른 면을 관찰하기는 어렵다는 뜻으로 해석된다.** 흡사 나무를 보면 숲을 볼 수 없고, 숲을 보면 나무를 볼 수 없는 것과 비슷한 이치이다. 요컨대 상보성원리와 불확정성원리는 세상의 모든 현상에 대해 확정적인 결론을 내린다는 것이 얼마나 어려운지에 대해 설명하고 있다. 결국 우리 눈에 보이는 빛은 입자이며 동시에 파동이지만, 빛이 파동이냐 아니면 입자냐 하는 문제는 우리가 사용하는 관찰 장비나 세상을 바라보는 우리 자신의 마음에 달려 있다는 소리이다. 다시 말해 측정하지 않는다면 실체는 없는 것이나 마찬가지라는 뜻으로도 해석된다.

그러나 아인슈타인은 이런 **양자역학의 확률적 해석에 대해 반기**를 들었다. 특히 아인슈타인은 양자역학의 해석을 놓고 보어와 자주 격돌했다. 물론 어디까지나 학문을 논하는 우호적인 토론이었지만 말이다. 아인슈타인-보어 논쟁 가운데 가장 유명한 것이 이른바 '**솔베이 회의**' 논쟁이다. 솔베이 회의가 열리는 동안 아침에는 아인슈타인이 양자역학의 부적절함을 보여 주는 문제를 내고 저녁 무렵이면 어김없이 보어가 그에 대한 해답을 찾아냈다고 한다. 이 논쟁은 솔베이 회의가 열리는 6일 동안 계속되었고 그 후로도 30여 년에 걸쳐 두 사람은 양자역학을 놓고 불꽃 튀는 논쟁을 벌였다.

오스트리아의 물리학자인 슈뢰딩거는 양자역학의 해석에 있어 아인슈타인과 뜻을 같이했다. 특히 그는 '**슈뢰딩거의 고양이**'라는 사고실험을 통해 양자역학의 불완전성을 조롱했다. 밀폐된 상자 안에 1분 내에 붕괴될 확률이 50%인 방사성 물질과 함께 고양이 한 마리를 넣는 경우를 상상해 보자. 만일 방사성 물질이 붕괴된다면 고양이를 죽일 수도 있는 독가스가 발생할 것이다. 이 경우 고양이가 죽을 확률은 어느 순간이나 50%일 것이다. 양자역학에 따르면 우리는 직접 측정해 보기 전까지 방사성 물질의 붕괴 여부를 절대 확인할 수가 없다. 우리가 측정하기 전에 그 물질은 붕괴되거나 붕괴되지 않은 두 상태에 있는 것이다. 그렇다면 밀폐된 상자 안에 있는 고양이의 상태를 우리는 어떻게 해석해야 할까? 반은 죽고 반은 살아 있는 상태라고 해야 할까? 관측하기 전까지는 무엇인지 모를 무정형 상태라고 보아야 할까? 이 얼마나 황당무계한 소리인가?

아인슈타인도 양자역학의 확률적 해석에 반기를 들기는 마찬가지였다. 그는 세계가 확률적이라는 사실을 결코 받아들일 수가 없었다. 그래서 "**신은 주사위 놀이를 하지 않는다**"는 유명한 말을 남기기도 했다. 그는 인간이 자연현상을 정확하게 예측하지 못하는 것은 그저 아직까지 완전무결한 법칙이나 원리를 찾아내지 못했기 때문이라고 여겼다. 그래서 그는 말년에 모든 자연현상을 하나의 이론으로 설명할 수 있는 궁극적 이론을 찾아내는 데 몰두했다. 그것이 바로 '**통일장이론**'이다. 그러나 아인슈타인은 끝내 통일장이론을 완성하지 못한 채 안타깝게 생을 마감한다.

그렇다면 인간 아인슈타인은 어떤 인물이었을까? 아인슈타인하면 흔히 막 잠에서 깬 듯 잔뜩 헝클어진 머리와 헛바닥을 쑥 내민 개구쟁이 같은 표정이 담긴 사진들과 함께 천진하면서도 유머러스한 인간형이 떠오른다. 그런가 하면 그에 대한 무수한 평전들이 쏟아지면서 가정적으로는 그가 빵점 남편, 변덕스런 애인, 무책임한 아버지에 가까운 비윤리적 인간이었다는 사실이 밝혀지기도 했다. 혹은 그가 세 살 때까지도 말을 배우지 못한 지진아였다는 얘기도 들린다. 대학 입시에도 낙방하고, 대학 졸업 후에는 교수직을 얻지 못해 생활고에 시달리다 시시한 특허국 사무원으로 일하기도 했다고 한다. 물론 혹자는 아인슈타인의 어린 시절에 관한 일화들이 아인슈타인의 천재성을 더욱 부각시키기 위해 마련된 일종의 신화라고 지적한다. 오히려 그는 어려서부터 과학과 수학에 있어서만큼은 남다른 재능을 드러냈으며 첫 번째 대학 입시에서 실패한 것도 나이 제한 때문이었다고 말한다.

이처럼 아인슈타인의 실체는 무수한 신화와 베일에 가려져 있다. 그럼에도 우리가 한 가지 확신할 수 있는 건 그가 역사에 한 획을 그은 위대한 과학자였다는 사실이다. 그는 혼자 힘으로, 그것도 오로지 사고실험을 통해 기존의 물리학 체계를 송두리째 뒤흔드는 기념비적인 이론을 구축해 냈다. 그가 집대성한 상대성이론은 기존에 우리가 가지고 있던 세계관과 인식을 철저히 깨부쉈다. 이를테면 상대성이론 이후 우리가 생각하는 세계의 모습은 완전히 뒤바뀌었다. 더 이상 시간이나 공간은 절대적인 것이 아니었다. 관측자에 따라 우리 눈앞에는 각기 다른 시간과 공간이 펼쳐졌다. 움직이는 물체의 시간은 더 느리게 흐르고 길이는 짧아지고 질량은 커졌다. 사실 아인슈타인이 정말 위대한 것은 그가 남다른 통찰력으로 세계를 사유했기 때문이다. 그는 남들이 보지 못하는 곳을 내다볼 줄 알았다. 모두가 빛의 본질을 규명하는 문제에 매달려 있을 때 그는 홀로 빛의 속도에 주목했다. 모두가 빛의 입자성을 받아들이기 꺼려할 때 그는 홀로 이 새로운 가설을 수용하는 용기를 보였다. 또한 아무도 시간과 공간의 절대성을 의심하지 못할 때 그는 홀로 시간과 공간의 상대성에 대해 사유했다. 그리고 아주 기발하게도 에너지가 어쩌면 질량과 똑같은 것일 수 있다는 놀라운 발상을 해냈다.

아인슈타인은 한때 등대지기의 삶을 꿈꾸었다. 홀로 고독한 시간을 넉넉히 누리며 오로지 연구에만 집중할 수 있기를 바란 것이다. 그는 비록 등대지기가 되지는 않았지만 자신만의 고독한 등대를 지키며 그전까지 우리가 볼 수 없던 어둠의 지대를 환히 밝히는 등대지기 같은 과학자가 되었다. 그의 고독한 사유는 환한 빛이 되어 암흑천지였던 무

지의 세계를 무너뜨리고 우리가 인식할 수 있는 세계의 지평을 한층 더 넓혀 주었다. 어쩌면 지금 이 순간에도 순수 과학을 경시하는 이 척박한 땅 어딘가에서는 오로지 학문에 대한 사랑만으로 청춘의 열정을 불사르며 흰 밤을 지새우는, 세계의 지평을 넓히기 위해 오늘도 고독한 연구에 몰입해 있을 많은 탐구자들이 있을 것이다. 언젠가 이 세계의 경계를 또 다시 깨부수고 새로운 세계의 문을 열어 줄 그 모든 위대한 영혼들에게 경의를!

---

* 광양자가설

금속 표면에 자외선, X선, 감마선 등의 빛을 쪼이면 전자가 튀어나오는데 그때 튀어나오는 전자를 광전자라고 하고 그 현상을 광전효과라고 부른다. 이때 전자가 튀어나오게 하려면 일정량 이상의 에너지를 전자에 가해야 하는데, 파장이 짧은 빛은 파장이 긴 빛보다 이 에너지가 높다. 그런데 파장이 긴 빛의 경우 아무리 빛을 강하게 비추어도 전자가 튀어나오지 않는다. 빛이 파동이라면 있을 수 없는 현상이다. 깊은 고심 끝에 아인슈타인은 전자도 부피가 있는 알갱이라고 생각했다. 빛 속에 있는 광양자 에너지 덩어리들이 날아와 금속판에 부딪힌다고 생각한 것이다. 말하자면 파장이 긴 빛의 광자는 충격이 작아 전자가 튀어나오게 할 수 없지만 파장이 짧은 빛의 광자는 충격이 세서 금속판의 전자를 튀어나게 하는 것이다. 아인슈타인은 이같이 빛을 이루고 있는 알갱이를 일컬어 광양자라고 불렀다.

** 마이컬슨-몰리 실험 기기

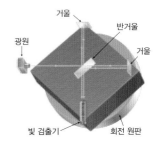

거울
반거울
광원
거울
빛 검출기
회전 원판

*** 이중 슬릿 실험

광원으로부터 나오는 빛이 좁은 틈을 통과하게 만든다. 첫 번째 틈을 빠져 나온 빛이 두 번째 판의 두 좁은 틈을 통과하면 마지막으로 빛에 반응하는 검은 스크린 위에 여러 줄로 된 독특한 간섭(2개 이상의 파동이 겹쳐서 보강되거나 상쇄되는 현상)무늬가 생긴다. 이것은 두 개의 틈을 통과한 빛이 각각의 파동으로 퍼져 나가면서 파동의 마루가 서로 교차하는 부분이 스크린 위에 나타나는 것이다. 만일 빛이 단순한 입자로 이루어져 있다면 스크린 위에는 틈과 직접 이어진 곳 근처에만 흔적이 남을 것이다.

이중 슬릿 실험과 양자역학의 관찰자 효과를 쉽게 설명해 주는 동영상.
http://www.youtube.com/watch?v=Y9fdGT3kxvM

아인슈타인을 더 알고 싶다면

《상대적으로 쉬운 상대성이론》, 배리 파커 지음, 이충환 옮
   김, 양문, 2002.
《사고思考뭉치 아인슈타인 빛을 뒤쫓다》, 송은영 지음, 에
   피소드, 2003.
《그림으로 쉽게 이해하는 상대성이론》, 사토 가쓰히코 지
   음, 안소현 옮김, 회경사, 2004.
《아인슈타인》, 조지프 슈워츠 지음, 이충호 옮김, 김영사,
   2005.

《아인슈타인이 들려주는 상대성 이론 이야기》, 정완상 지
   음, 자음과모음, 2005.
《아인슈타인 & 보어》, 이현경 지음, 김영사, 2006.
《아인슈타인, 신이 선택한 인간》, 데니스 브라이언 지음,
   채은진 옮김, 말글빛냄, 2006.
《빛의 물리학》, EBS 다큐프라임 '빛의 물리학' 제작팀 지
   음, 해나무, 2014.

옮긴이 허보미

서울대학교 불문과 석사 과정을 수료하고, 한국외국어대
학교 통번역대학원을 졸업했다. 현재 전문번역가로 활동
중이며, 번역한 책으로는 《대안은 없다》, 《신의 생각》, 《여
우와 아이》, 《돈이 머니? 화폐 이야기》, 《채소 동물원》,
《문화재지킴이 로즈 발랑》, 《로댕의 미술 수업》 등이 있다.
월간 〈르몽드 디플로마티크〉 한국판 번역에도 참여하고
있다.

아인슈타인의 빛
"아인슈타인"
EINSTEIN

초판 1쇄 발행 2015년 7월 20일
초판 2쇄 발행 2017년 7월 24일

지은이 프레데릭 모를로
그린이 안마르고 람슈타인
옮긴이 허보미
펴낸이 양소연

기획편집 함소연 **디자인** 하주연 이지선 **마케팅** 이광택
관리 유승호 김성은 **인터넷사업부** 백윤경 최지은

펴낸곳 함께읽는책 **등록번호** 제25100-2001-000043 **등록일자** 2001년 11월 14일

주소 서울 금천구 디지털로9길 68, 1104호(가산동, 대륭포스트타워 5차)
대표전화 1688-4604 **팩스** 02-2624-4240 **홈페이지** www.cobook.co.kr
ISBN 978-89-97680-15-3(04110)
      978-89-97680-00-9(set)

이 도서의 국립중앙도서관 출판예정도서목록(CIP)은 서지정보유통지원시스템 홈페이지
(http://seoji.nl.go.kr)와 국가자료공동목록시스템(http://www.nl.go.kr/kolisnet)에서
이용하실 수 있습니다. (CIP제어번호 : CIP2015015091)

함께읽는책은 도서출판 나눔의집의 임프린트입니다.